中井久夫 人と仕事

最相葉月

みすず書房

中井久夫　人と仕事　　目次

第一章　二つの筆名——精神科医誕生

中井久夫には、二つの筆名がある。一つは楡林達夫、もう一つは上原国夫。楡林の著作には『日本の医者』（一九六三）と『病気と人間』（一九六六）が、上原には『あなたはどこまで正常か』（一九六四）がある。

いずれも精神科医になる前に、左翼系出版社の三一書房から刊行された。中井が党派に所属していたわけではなく、たまたま編集者の荒木和夫が京都大学時代の同級生で、毎月出す新書にノルマがあるから協力してほしいと頼まれて引き受けた。

第一作の『日本の医者』は、中井が在籍していた京都大学ウイルス研究所と、学術振興会流動研究員として実験を行っていた東京大学伝染病研究所（伝研）を往復する夜行列車の中で執筆された。二十代最後の年のことだ。

社会学者の小山仁示との共著だが、医療労働者の不安定な地位と、その原因になっている医局制度の問題を冷静な筆致で綴った本書の骨格となる章は、中井の筆による。

中井がインターン生活を送った大阪大学医学部附属病院をはじめ、全国の大学から情報を集め、問題の矮小化を防ぐために大学名を伏せて一般化したことが功を奏し、話題を呼んだ。読者の多くはインターン制度の廃止を訴える学生や、アルバイトで生活を支えなければならない無給医局員だった。

楡林達夫とは何者か。さまざまな臆測が飛び交うなか、『日本の医者』を読んで編集部に問い合わせ、京都の下宿を訪ねてきた一人の医師がいた。

信州大学医学部神経科教室の近藤廉治である。近藤は後年、南信病院という精神科病院を設立して全国に先駆けて開放治療を行う人物だ。

この出会いを機に二人は知友となり、共著で『あなたはどこまで正常か』を書き上げた。学歴や現住所を詳らかにしている近藤に対し、上原国夫は一九三四年生まれで京大医学部卒業の医師、ということしかわからない。医学部の混乱に嫌気が差して京都を離れ、生活の拠点を東京に移したばかりで、素性を隠す必要があったためだった。

タイトルは扇情的だが、中身はビジネスマン向けの教養書である。高度成長に差しかかる一九五〇年代後半以降、オートメーション化や組織への忠誠に振り回されて調子を崩す人々が増え、ドイツ語で神経症を意味する「ノイローゼ」が流行語になっていた。「神経症時代」や「分裂症の時代」といったキャッチフレーズがジャーナリズムで盛んに用いられ、「現実のきびしさや烈しさに圧倒されて、人間はノイローゼになり、ついに発狂して——分裂病になる」(「はじめに」)といった誤解も広がっていた。

キャッチフレーズは時代の一面を突くとはいえ、医学的な裏付けがなければ混乱をきたす。「脅かしの本ではなく、妥当な知識によって安心を贈るようなものでありたい」。それが二人の企画意図だった。

『あなたはどこまで正常か』に収録された中井の「現代社会に生きること」と「現代における生きがい」は、一般人の健康を論ずるのに、ロマン・ロランから、ツヴァイク、ホイジンハ、フランクル、大藪春彦、ジェームズ・ボンドまで登場させるところに、無数の抽斗をもつ鬼才の片鱗がうかがえる。

統合失調症との出会いや、のちに訳詩集を著すポール・ヴァレリーにも言及し、中井のライフワークとなるテーマが出揃ったという印象がある。

本書の刊行は、しかし、中井を窮地に追い込んだ。出版がばれてしまい、伝研の直属の上司である第一ウイルス部課長が自己批判を迫ってきたのである。マルクス主義者の野島徳吉で、常日頃から中井がブルジョア哲学といわれるフッサールを読んでいることが気に入らなかった。

自己批判を拒否した中井は破門され、家庭の事情も重なって、明日の暮らしにも不自由する最悪の状態に陥った。身の振り方を考えるため、江東区の眼科で夜間診療のアルバイトをし、知人に紹介された東京労災病院の神経内科と脳外科をそれぞれ一か月ほど見学して歩いた。

病院は重苦しい空気に覆われていた。脳外科で、手術後にリハビリがいるのではないかと医師に訊ねたところ、そりゃあ必要なんだけど、人の手術の後始末をしようという人なんかいないよ、と一蹴された。神経内科は、治療法がなく見守るしかない患者ばかりで、医師にできることといえば、亡くなった人の脳を調べることぐらいだった。

沈んだ気持ちで精神科を訪ねたところ、ちょうど医師や看護師に見送られて患者が退院していくところに出くわした。医学生時代、精神障害は治らないといわれていたので、回復する人がいることに、ほかの科にはない明るさを感じた。新しい薬が開発され、効果が出始めた時期でもあった。

近藤のような人が精神科医であるなら希望をもてる気がして、本人に相談してみたところ、「おお、それを言い出すのを待っていた」といわれ、東京大学附属病院分院神経科の笠松章教授を紹介された。一九六六年春、精神科医、中井久夫の誕生であった。

東大を中心に学生運動が盛んになり、精神科は病棟を占拠してたてこもる赤レンガ派と、占拠されなかった分院で外来の診療を行う外来派に分かれていた。一切の党派に属さないと決めていた中井は、昼間は無給医局員として外来と病棟を担当し、夜は眼科でアルバイトを続け、週末には産休中の医師の代理医も務めた。

その頃、分院の助手で、ドイツ留学から帰ったばかりの飯田真と意気投合し、互いの家を行き来しながら、ニュートンやボーア、ウィーナー、ウィトゲンシュタインといった天才の事跡を精神医学の視点から読み解いた。

VIROLOGY **33**, 507–512 (1967)

Formation of Nuclear Polyhedral Bodies and Nuclear Polyhedrosis Virus of Silkworm in Mammalian Cells Infected with Viral DNA

MICHIO HIMENO, FUKUMI SAKAI, KONOSHIN ONODERA,[1]

Laboratory of Biochemistry, Department of Agricultural Chemistry, Kyoto University, Kyoto, Japan

HISAO NAKAI, TETSUO FUKADA,[2] AND YOSHIMI KAWADE

Department of Biophysics, Institute for Virus Research, Kyoto University, Kyoto, Japan

Accepted July 25, 1967

The infectious DNA of nuclear polyhedrosis virus of silkworm (*Bombyx mori* Linné) caused production of characteristic nuclear polyhedral bodies in cultured FL cells of human amniotic origin, which did not support virus growth. The activity of the viral DNA in producing polyhedral bodies in FL cells was lost by pretreatment of the inoculum with DNase and by heating, but RNase was inactive. The polyhedral bodies formed in the cells were identical with those formed in cells of the silkworm with respect to their morphological and serological character. The polyhedral bodies isolated from FL cells and dissolved in alkali caused nuclear polyhedrosis when injected into silkworm pupae.

INTRODUCTION

Nuclear polyhedrosis virus of the silkworm (*Borrelina bombycis* Paillot) (Bergold, 1963) is a DNA-type insect virus which causes "jaundice" (nuclear polyhedrosis) in the larvae and pupae of silkworms (*Bombyx mori* Linné) and some other lepidopteral insects. Characteristic inclusion bodies called nuclear polyhedral bodies (NPB) are formed in nuclei of the infected hemolymph, fat body cells, and various cells of silkworm (Aizawa, 1963). Nuclear polyhedrosis virus (NPV) particles comprise about 5% of NPB's (Bergold, 1953). Viral DNA isolated from purified NPV particles has been found to be infectious to the larva and pupa of silkworms (Onodera *et al.*, 1965). The infectivity of the virus to hosts other than lepidoptera has never been reported.

It has been known for some time that certain cells naturally insusceptible to intact virus can support virus multiplication when infected by its nucleic acid. This was first demonstrated with poliovirus in nonprimate mammalian cells and chick cells (Holland *et al.*, 1959; De Somer *et al.*, 1959; Mountain and Alexander, 1959). Recently, more remarkable findings were recorded, such as growth of animal viruses (vaccinia, polyoma, and EMC viruses) in bacteria (Abel and Trautner, 1964; Bayreuther and Romig, 1964; Ben-Gurion and Ginsburg-Tieta, 1965), growth of a coliphage in a plant (Sander, 1964), and growth of TMV in *Chlorella* (Süss *et al.*, 1965). The universality of the genetic code has thus become strongly supported among organisms extremely remote phylogenetically.

These findings led us to attempt infection of cultured animal cells with DNA of polyhedrosis virus, since, if successful, this would open new possibilities for investigation of the characteristics of the virus with hosts much more suitable for experimentation.

In this paper we report that NPB and NPV have indeed been formed in FL cells, established line cells derived from human

[1] To whom inquiries should be sent.

[2] Yakult Institute for Microbiological Research, Kyoto, Japan.

507

ウイルス研究所時代の中井・姫野論文
Virology 33, 507–512（1967）

原稿は「医家芸術」や「自然」といった雑誌に掲載され、のちに『天才の精神病理』[1]に収められた。科学者を病跡学の対象とした、おそらく世界初の試みだった。

中井は「病跡学の可能性」の中で、病跡学は「精神科医が通常背負っている大きな責務の一部から彼を解放」し、若い精神科医にとっては「一種の腕だめし」だと述べている。[2]バリケードとは無縁の病棟で日夜診療に励む若き医師たちにとって、天才との対話は、まさに「重い靴を脱いでの精神科医のしばしの舞踏」だった。

とくに、ウィトゲンシュタインへの「対象愛」は、生半《なまなか》なものではなかった。中井がウィトゲンシュタインを知ったのは学生時代で、日本ではまだほとんど誰にも知られていなかった。『論理哲学論考』の英独対照版を入手して読み始めたところ、世界は「事実」の集合であって、「物質」の集合ではないという意味のことを述べた冒頭の数行に、目からうろこが落ちた気がした。[3]

日記や伝記をもとにウィトゲンシュタインの人生を辿り、狂気の一歩手前にありながらもちこたえたことに「発病の理論ではなく不発病の理論」を見、病者と治療者は紙一重という感覚を得た。この気づきは生涯にわたり、中井の臨床に影響を及ぼす。

精神科医になって二年目の一九六八年春、中井は調布市にある医療法人社団青山会青木病院の常勤医となった。青木病院の顧問で、のちに日本大学教授となる臨床心理学の細木照敏の紹介だった。

青木病院は、初代院長の青木義作が戦後まもなく東京都港区南青山に設立した青木神経科を始まりとする。青木は精神科医で歌人の斎藤茂吉のいとこにあたり、斎藤の次男である作家・北杜夫の『楡家の人々』のモデルにもなった青山脳病院の副院長として院長の斎藤を支え、青山脳病院の閉院を機に独立することになった。

その後、運動場を併設できる広い土地を求めて、一九六二年の秋に多摩川近くの緑豊かな調布市上石原《かみいしわら》に青木病院を開院した。

常勤の臨床心理士はすべて女性であり、心理室にはパウル・クレーの晩年の作品「まだ目のみえない天使」の複製がかかっていた。医局でも薬局でもない、まるで「洗いざらしの木綿の持つ温かい手触り」[4]の部屋はいつも患者に開かれていた。

中井の記憶では一九六九年末、細木が箱庭の道具をそろえた。スイスのユング研究所にいたドラ・カルフによって考案された「サンドプレイ・セラピー」、砂を敷き詰めた箱に木や人形や車や家などのミニチュアのおもちゃを並べる心理療法である。

ユング研究所に所属していた心理臨床家の河合隼雄によって「箱庭療法」として日本に紹介され、同年十一月、新宿区牛込柳町にある精神科病院、神経研究所附属晴和病院で開催された第一回芸術療法研究会で発表後、大いに注目されていた。

河合との出会いについては、河合の『心理療法対話』[5]に中井が寄せた「河合隼雄先生の対談集に寄せて」[6]という解説に詳しい。

第一回芸術療法研究会の終了後、冷たい風の吹きすさぶ牛込柳町の交差点で方角がわからずうろうろとしていた河合に、中井が声をかけた。

「行かれるところまでご案内しましょう。私は弟さんの同級生で中井と申します」

河合は、中井が弟の逸雄と京都大学医学部で一緒だったと知るとにわかに笑みを浮かべた。宿泊先は京王線つつじヶ丘にある。中井の家も同じ沿線にあったことから、途中まで一緒に帰ることになった。

中井は河合の発表に大きなインスピレーションを受けていた。河合が示した箱庭の中に統合失調症の患者のスライドがあった。箱庭はすでに木枠に囲まれているのに、患者はさらにその内側の四周に、柵を並べて囲っている。それは統合失調症の患者にしばしば見られるもので、河合はドラ・カルフの「統合失調症の患者に使うのは慎重でなければならない」という言葉を紹介していた。


途中の都バスと京王線の間じゅう、先生と私とは先を争ってしゃべりづめであった。私は遠慮なく質問した。たとえば「統合失調症の患者さんのスライドで箱の枠の内側の四周に柵をめぐらしてからモノを置きはじめたのがありましたね。先生は、統合失調症の患者さんの意識のありかは柵の外側かもしれないといわれたけれども、ひょっとしたら備え付けの箱の枠では安全感が足りないので、それに沿った柵で枠を強化したのではありませんか」といった。

先生は間髪を入れず「そ、そ、そうです」と答えられ、この共通の認識を初めとして、話は「つつじが丘」駅に着くまで終わらなかった。終点の京王八王子までご一緒しても話は尽きなかったろう。[7]

統合失調症の患者の中には、「自分と周囲の境界があいまいになったように感じる」「周囲が自分に向かって侵入してくる」「自分の思考が周囲に漏れ出すように感じる」といった訴えをする人がいる。絵を描くとき、画用紙にあらかじめ枠を描いてから描き始める人や、描きながらいつの間にか額縁のような枠を描いている人がいた。[8]枠の中にさらに柵を巡らせるのは、患者にとって、自分を守るためのバリケードのような意味があるのではないか。

病院に行ったら、枠をつけた画用紙と枠のない画用紙に患者に絵を描いてもらって違いを見てみよう。中井はそう考えて、翌日さっそく、患者を一人ずつ呼び、目の前で画用紙にサインペンで枠取りしてから絵を描いてもらった。「枠づけ法」の誕生であった。

患者たちはこれまで描いたことのない絵を描き始めた。破瓜型（思春期から青年期にかけて発症し、感情表現の欠落が主な症状）の青年は、社会復帰を間近に控え、いつもコンクリートのビルと高速道路から成る風景ばかり描いていた。

ところが、枠をつけた画用紙に描かれた絵はまったく違った。大きな川が左上から右下に静かに流れ、中流に三つの中洲があり、両岸には草がそこそこ生えている。これまでの生硬で幾何学的な線とは違う。ひそやかで寂《さび》しみを感じさせる構図で、色合いはやわらかく淡かった。川に橋は架かっていないが、青年は、「橋はずっと上流にあります」といった。

枠のない画用紙には、これまでと同じ市街風景を描いた。左側に民家、右側にビル。真ん中の道路には車が走り、左側の家の軒下に一人の人間が押し寄せられている。「道路をむこう側に渡りたいが渡れません」と青年はつぶやいた。

妄想型（成人になって発症し、幻覚や妄想が主症状）の青年も描いた。いつか人を驚かせる文学作品や哲学大系をつくりあげる日を夢見て、有名な評論家を訪ね歩いたり、音楽家の胸像を集めたりする日々を送っていた。

青年は枠のある画用紙にかわいい子犬を、枠のない画用紙には無数の聴衆を前にしたステージとグランドピアノを描き、「でも演奏家はついに現れないのです」といった。

なかなか絵を描こうとしなかった患者が描き始めることもあれば、「何のマネをするんだ」と怒り出す患者もいた。強要はしないが、枠があると保護されたような気がする人もいれば、強要されるような気になる人もいるということか。

中井は枠のあり、なしの二枚の画用紙を用いる「枠づけ二枚法」で統合失調症の回復過程を追跡し、一つの仮説を得た。

枠があると内面的なもの、たとえば、隠された欲求や攻撃性、幻想などが現れ、枠がないと外面的、防衛的、虚栄的で現実に引きずられたものになりやすい。枠に激しい怒りを示す患者がいたのも、内面の表出を誘われる恐怖を覚えたからかもしれないと考えた。

粗雑を覚悟で表現すれば、たとえば枠のあるほうに患者の内向的な面が、枠のないほうに外向的な面が表されている。たとえば「枠なし」には鳥を、「枠あり」には魚を何週間か描きつづけている場合、「この鳥は今飛び立とうとしているのだろうか、もう少し羽をあたためてからにしようか迷っているのだろうか」と尋ねると、答えはいつも後者であった。「枠なし」には輝くような緑の中に蛇が輪を描き、舌を出しているのに、「枠あり」には海中に漂うクラゲがある。生命力は元気を取り戻しているが、まだ内に自分でもつかみどころのなく不安定に漂うものを感じているかもしれなかった。もちろん、これは仮説であって、患者にはいつも中立的な問い方をして、誘導に走らないように心がけた。この枠付け二枚法は私のオハコの一つになった。[9]

それから一か月足らずで、中井は「枠づけ法」「統合的ＨＴＰ法」「風景構成法」といった絵画療法の技法を次々と生み出した。箱庭に想を得たという以上に、臨床心理室の雰囲気、とくにどんなアイデアにも、「ほう、それはおもしろい」[10]と目を輝かせてくれる細木の存在が大きかった。

河合に会った翌年の一九七〇年十一月二十一日には、同じく晴和病院で行われた第二回芸術療法研究会において、統合失調症の患者への絵画の利用について発表した。これをまとめた論文「精神分裂病者の精神療法における描画の使用――とくに技法の開発によって作られた知見について」は翌年刊行された「芸術療法」誌に収録された。

約百名の患者による四千枚ほどの絵をもとにまとめられたこの論文は、精神科医になった中井が初めて学術論文誌に発表したものであり、のちの中井の仕事につながるキーワードが凝縮されている。

精神医学が精神病患者に対して行ってきた百年あまりの描画活動の歴史を振り返り、二つの問題点を指摘した。

一つは、特殊な描画や興味深い例を採集するばかりで、一般化への指向が希薄であったこと。つまり科学的な視点に欠けるということである。

描画を論ずるには、患者が許す限り、一人ひとりの症状の経過と生活史を記録して、それを治療に生かすことができなければならない。中井は「たどたどしい一本の線と、〝芸術性〟の高い完成画とを「哲学的に対等」とみなす用意が必要である」という一節を冒頭に置き、看護記録を重要な科学的データとみなした。

もう一つの問題点は、この論文の直前に一般誌「ユリイカ」に寄稿した、「精神分裂病者の言語と絵画」（一九七二）の次の一節に集約される。


精神病理学は、分裂病者の言語がいかに歪められているかを記述してきた。おそらく、それが真の問題なのではない。真の問題の立て方は、分裂病の世界において言語がいかにして可能であるか、であろう。[11]

驚くべきは、一九七一年に発表されたこの論文に、中井が生涯かけて考え、のちに『私の日本語雑記』[12]にまとめられる「継ぎ穂論」の萌芽が見られることである。「継ぎ穂」とは、「あのー」や「えー」といった間投詞や、「ね」や「さ」「よ」といった文末の結び方を指し、これによって会話はスムーズに進行する。

日本語は「継ぎ穂」がよく見える言語だと中井はいう。[13]病気ではない二人の会話の録音を聴き直すとよくわかるが、文章は完結したものではなく、互いに開かれていて、つねに次の行動を喚起し、次にくるものを予想している。あいまいさを含みながら、二人で完成された文章を作ろうとしているようである。

「継ぎ穂」とは数学の言葉を借りれば演算子的なもので、この演算子機能をとらえそこなうと、「われわれは話の接ぎ穂を失った」という。日本には、連歌のように完結を目指さず、接続を愉しむ文学もある。

一方、統合失調症の患者の話はどうか。中井は急性期にある統合失調症の患者の会話をテープで繰り返し聞き、「くり返しくり返し絶望的に、相手にむかって〃継ぎ穂〃が投げかけられている」のを感じた。「しかし、相手はそれをつかまえることはできない。継ぎ穂は虚空にひるがえるばかりである」。

A君が話し終えるのを待って、B君が話し始める。B君が話し始めると、話が終わるまで、A君は話さない。病気ではない人同士のあいまいな会話とはまったく異なるものだ。「しかも彼らは、余裕のある沈黙の中で表現が熟するのを待つことができない[14]」

彼らが自閉的であるといわれるのは、強固な壁を内面の周囲に廻らしているからではない。彼らは、実は風の吹きすさぶ荒野に裸身で立ちつくしているのである。すべては見透しである。外面と内面の境界がないとき、〃表現〃がいかにして可能であろうか[15]?

精神病理学はこれまで患者の言語の歪みを切り取って妄想と名づけ、その異質性にばかり着目してきた。だが臨床においてはむしろ、言語的であれ非言語的であれ、治療者と患者がいかにして交流するかのほうが重要である。

描画においても同様で、描画の異質さや特殊性ではなく、描画を通して治療者と患者がいかにして交流できるかのほうが重要ではないか。絵の巧拙でも、歪みでもなく、いかに可能かを問う。患者と充分な関係性が保てているか、いつでも拒否できるよう配慮されているか、など治療的な意義を忘れない。

中井は、発病直前から発病直後、幻覚や妄想が現れる時期、昂奮と混迷を繰り返す緊張病の時期、緊張病の時期を過ぎて幻覚妄想が現れるが消失していく時期、慢性状態……といった経過ごとに描画の傾向を追跡して、全体を俯瞰しようとした。

描画は単体の心理テストではなく、患者一人ひとりの歴史、ライフヒストリーを通時的に捉え直すための手がかりだった。

そしてこのときに中井が箱庭療法をヒントに創案し、前述の論文「精神分裂病者の精神療法における描画の使用」で初めて公表したのが、「風景構成法」である。ドラ・カルフの言葉を受けて、統合失調症の患者に箱庭療法をしてもらってよいかどうか、その安全性を判断する手がかりとして、箱庭を二次元の紙の上に表現する方法として編み出された。

「モノの名前（川にはじまり石に終わる十の項目）を私が唱える順序でこの（枠をつけた）画用紙

に描き込んで一つの風景に仕上げて下さい」[16]といい、川、山、田、道、家、木、人、花、動物、岩、石、最後に好きなものをなんでも、といって治療者の見ているそばで描いてもらう。

ほかの心理テストのように被験者の心理的特性を測るものではない。心理療法の適応を判断するという発想から生まれたのが、風景構成法の特徴だった。箱庭の枠を大工に依頼して作ってもらっている数日のあいだの出来事だった。

中井は細木らと相談し、箱庭療法を始めるのは少なくとも回復過程の後期にある患者からで、その前提としてレントゲンをとるように、より安全な風景構成法を実施しようと考えた。

すると、患者によって顕著な違いが判明した。妄想型統合失調症の患者はかなり回復期にあっても、強引で歪んだ、重力のある空間ではありえないようなキメラ状の絵を描くことが多かった。一方、破瓜型の患者の場合は、望遠鏡から眺めたような、対象と距離をとる寂しい風景が多かった。整合性はとれているが生気に乏しい。文字を書くように、川、山、田……と順番に並べて描く人もいた。

箱庭へもっていけるかどうかのテストとして実施されたものだが、結果、同じ統合失調症の患者でも妄想型と破瓜型では明らかに空間構成の特徴に違いがあるという知見が得られたのである。

中井は引き続き、統合失調症のすべてのタイプの患者を継続的に観察し、翌一九七一年十一月二十日に上智大学で開催された第三回芸術療法研究会で、「描画をとおしてみた精神障害者とくに精神分裂病者における心理的空間の構造」と題する発表を行った。

なぐり描き法と風景構成法を用いて、統合失調症の各タイプとそれ以外の精神障害を比較することを目的としていた。なぐり描きは何を描いても自由で、正否も優劣もないが、風景構成法はあらかじめアイテムが決まっており、全体で一つの風景を完成させるため構成や空間に歪みが生じやすい。

こうした二つの特徴を利用して得られた問題を一般化することで、統合失調症の患者の心理的空間を考察しようとした。ゴッホの絵から病理を読み解こうとする病跡学とはまったく異なる科学的なアプローチであった。

ここで明らかになったのは、なぐり描きであれ風景構成法であれ関係なく、統合失調症の患者にはそれ以外の患者とはまったく異なる基本的な特徴があるということだった。

絵を描くために要する時間が非常に短く、訂正や修正をまったくしない。つまり、ためらいがない。色を混ぜず、単一色で描くことや、陰影のないことも、うつ病やアルコール依存症の患者とは違うところである。

色彩によって距離感をつけることもなく、「しばしば真空の世界のような印象、もしくは書割的な印象」を与える。そのとき自分が置かれている状況を一望できるようなかたちで描くのも大きな特徴だ。

状況に影響されやすく、絵画に現れやすい。崖の途中にいる男の子を描き、「もう下には落ちないが、上にもあがれない」といった患者もいた。

依存症などの嗜癖者が過剰なまでに解説を加えるのと違って、統合失調症の患者はほとんど黙っている。空白を活用できず、空白は空白のまま置かれている。この特徴は風景構成法にはっきりと表れた。

中井はさらに前年の論文で見出した破瓜型と妄想型の特徴を、平面的に羅列して静かな印象を与えるH型と、非整合的でキメラ指向的な印象を与えるP型とに分類して整理し、なぜ彼らはそんな世界を描くのか、彼らの身になって考えようとした。

破瓜型の患者が、個性とか自発性を避けるように幾何学的で歪みのない遠景的な風景を描くのは、たとえば、彼らが会社の人事を嫌うように、全体に関わるわずらわしい選択を回避する指向と関係するのではないか。

妄想型の患者が、全体のバランスや距離感が考慮されない絵を描くのは、全体を見ないで強引に羅列的な選択を行う指向と関係するのではないか。そして、これらはいずれも、彼らが生きるための戦略ではないか、というように。

中井の発表は予定されていた時間をはるかに超え、準備していたスライドの半分もまだ映写できていなかった。司会者に時間を指摘されて戸惑っていると、会場から「勉強しましょう」という声が聞こえた。現場にいた高江洲義英、現・医療法人和泉会いずみ病院理事長によると、声をあげたのは東京医科歯科大学の宮本忠雄だったという。

高江洲は東京医科歯科大学の学生だったが、入学しても大学がストライキ続きでなかなか講義が受けられなかった世代である。五年生になってようやく島崎敏樹や宮本忠雄に師事し、芸術療法研究会にはこの日初めて参加していた。当時の精神医学界をめぐる状況について、高江洲の証言を拙著『セラピスト』から再掲する。

当時、統合失調症は治らない病気だと思われていました。たまたまぼくが研修に行った病院がひどい環境だったんです。かんぬきの奥にまたかんぬきがあってその先の鉄格子に囲われた保護室に手を縛られた統合失調症の患者がいるという状況だった。ロボトミーといって、脳の神経を切断する外科手術をされて後遺症を負った患者もいました。

一週間当直したときは、ピストルをもってぶっ殺してやると騒いだ患者がいて困っていたら、院長がやって来ていきなりみんなで押さえ付けて電気ショックでバンッ、です。こんな治療があるんだと衝撃を受けました。精神科医ってこんなことしなくちゃいけないのか、いやだなあ、こんなことはしたくないなあ、とにかく、こんな病院の環境は絶対に変えなきゃいけないと思っていた。

そんなときに、芸術療法に出会ったんです。ぼく自身、小学生の頃からずっと沖縄の伝統的な踊りを習って、踊りが精神に作用することを実感していたし、大学時代も琉球政府時代のおもろという古謡を習っていた。だから、これなら自分にもできるかもしれない、そう思ったんです。

ただ、あの頃は学会が次々とつぶされたので、芸術療法研究会もいずれは誰かがつぶしにくると思っていました。患者に絵を描かせて医者と患者が遊んでいるようなこと、あるいは研究データをとるようなことに対しては、それは治療なのか、患者に害はないのか、反治療にならないか、と問うたわけです。研究だけやるならそれは病跡学に行きなさいと。だから、あの学会はうるさいといってやめていった人はいるでしょうね。

でも、中井先生は別格でした。もともとはウイルス学が専門で、精神医学からきた人じゃないから発想がクールで、ほかの人とは全然違うんです。話は長いけど、こちらは聞きたいわけですから、延長されることに異論はありません。帰ったらさっそく自分でやってみようと思いました。[17]

この時期に生み出された絵画療法について、中井はついにまとまった書物を残さなかった。ロールシャッハ法の標準化に尽力した心理学者ジョン・E・エクスナーの「ロールシャッハは早世することによってロールシャッハ法に貢献した」という言葉を挙げ、創始者が決定版を書くことによって、「自分が気づいていない可能性を閉め出し、結果的には自分の案出した方法を窒息させてしまう」、「私の案出した方法の価値は、私と離れてそれを面白いと思って下さる人たち次第であると思う[18]」と中井は述べている。

東大分院と青木病院という二つの病院で働きながら中井が考えたのは、混沌とした状況にある統合失調症に「目鼻をつける[19]」ことだった。そのためには個別研究を通じてモデルをつくる、つまり、一般化する必要がある。

中井は患者の回復過程に着目した。幻覚や妄想といった異常現象が見られる発病過程はよく記載されているが、回復する過程は症状が影を潜めるため、もう治ったとみなされがちである。医師や看護師の足は遠のき、患者はあまりしゃべらなくなる。回復が何を意味するのか、診断の尺度は何もなかった。

中井は病棟を回って患者と話し合い、体の診察をした。余裕感や焦慮感といったデリケートな部分に光を当て、異常ではなく「よい芽[20]」を探し、見守った。

分子生物学の黎明期に感染症を研究していた科学者の常識として、患者一人ずつ、さまざまな症状や変化を生起順に記したグラフを作成した。横軸に時間、縦軸には患者が訴える症状を、「原則として特異的・非特異的の如何を問わず、また思考・感情・心気などの分類をせず、しばしば精神症状と身体症状との区別さえも行わずに、時間的順序に従って早いものから先に順を追って配列してゆく[21]」ものだった。

医学では通常、ある時点でくわしく検査して、その結果にもとづいて治療を決める横断的な方法がとられる。だが、中井は、縦に流れを見る通時的な観察に重きを置いた。

着任初日に、「この病院は宝の山だよ」と細木にいわれていたが、「いかにデータとして欲しくても患者にとって意味のないことはしないようにする[22]」という戒律を自らに課した。

患者にはよく「実験精神」について語った。たとえば、「三日間家に戻ってみよう。三日間なら取り返しのつかないことにはならないだろう?」と提案する。そして、「途中でこれはいかんと思ったらさっさと帰っておいでなさい。まだ少し早いということがわかったから実験は成功さ」「実験に失敗なし」などと患者に告げた。[23] 絵や箱庭は患者のことばの添え木となった。

新しく導入された薬ハロペリドールも、中井らの士気を鼓舞した。絶叫する患者の声が近隣に響くため、それまでは苦情があるたびに菓子折りをもって謝りに行っていたのが、ハロペリドールを使用し始めてからは、「一時保護室を空にし「その床が乾く」までに至った[24]」という。

この縦断的研究によって明らかになったのは、幻覚や妄想などの疾病特異的とされる症状は

「氷山の一角」にすぎず、それだけを診ていたのでは患者の回復過程に関わる要因をほとんど把握できないということ、急性期が終わりを告げて回復に向かう時期に、原因不明の発熱や下痢、めまいといった身体症状が起こるということだった。

中井はこれを「臨界期」と名付け、回復は発症の逆行程ではなく、まったく異なる視点から追究されるべき現象である、と発表することにした。のちに「寛解過程論」（一九七三年発表）と呼ばれる理論の構築に向けた試行錯誤が始まった。

医師国家試験阻止闘争や東大安田講堂攻防戦が起こり、依然として精神科病棟の占拠が続くなか、中井は当時「ほとんど唯一の精神病理、精神療法の研究会」[25]だった日大拡大研究会に通い、発表し、討論に参加した。

中井が井村恒郎と出会い、アメリカ人でさえ読み通すことが困難といわれるハリー・スタック・サリヴァン（一八九二―一九四九）の著作を翻訳したことは、日本の精神医学界にとって僥倖だった。

翻訳にあたって、中井はサリヴァンが講演した場所を調べ、頭の中に会場を建築し、客席にしかるべき聴衆を座らせて演壇に立ち、サリヴァンになったつもりで朗読した。すると、訳文はおのずと浮かんできた[26]。日本人にサリヴァンの理解者が少なくないことが、アメリカの関係者を驚かせているというが、それはひとえに中井訳の力であろう。

中井の臨床作法は、まさにサリヴァンのいう「関与しながらの観察」、すなわち患者のそばにいてその性格や症状を観察する精神療法的面接である。サリヴァンがそうであったように、中井もまた看護師の働きを重視し、看護記録を大切に扱った。

中井自身、運転できないところとか、掃除機の音が嫌いであるところなど、いろんなところで自分はサリヴァンに似ていると述べている。中井は、時代と国境を超えて現れた、ハリー・スタック・サリヴァンの正統な継承者だった。

焦慮の極みから下山しようとする患者の歩みに目を凝らし、リハビリや社会復帰のあり方に心を配り、治ることとは働くことかと問いかける。日常とは不意打ちの連続であり、未来に対して不断の選択を迫られる。余裕感を失い、下山した道を逆走しないとは限らない。探索行動には「基地」が必要[27]とか、患者は「「治療という大仕事」をしている[28]」といった中井の言葉が、どれほど患者を安心させ、勇気づけるか。

中井は、患者を先頭に立てる運動に批判的だが、それは、闘いを終えたあとに病が悪化することを憂えるゆえだ。中井はあくまでも、「翌日の医者[29]」であろうとした。

東大医学部では一九七一年春、聖路加国際病院精神科医長だった土居健郎が保健学科精神衛生学教室の第二代教授に就任した。精神分析が黄金時代を迎えた一九五〇年代のアメリカに渡ってメニンガー精神医学校やアメリカ国立精神衛生研究所で学び、その経験をもとに、日本人の心性と日本社会の構造を「甘え」をキーワードに読み解いた一般書『「甘え」の構造』[30]が刊行され、話題となっていた。

一九六八年頃から土居が主宰する勉強会「水曜会」に顔を出していた中井は、土居教授のもとで講師となり、土居を中心に始まった「分裂病の精神病理」を研究するワークショップにも参加して、寛解過程論を磨き上げていった。

「世界でも稀にみる分裂病研究が行われた」と中井が語るこのワークショップに参加したのは、土居と中井のほか、安永浩、笠原嘉、木村敏、宮本忠雄ら気鋭の精神科医たち。熱海の旅館で合宿し、一昼夜かけてそれぞれの研究発表をもとに活発な議論を行った。

このワークショップを編集者として支えた東京大学出版会の鴨沢久代によれば、もともとは精神疾患の生物学的研究と精神病理学的研究を統合しようという、東大医学部教授・臺弘《うてな》の発案であったという。

しかし、臺が松沢病院時代に指揮したロボトミー手術が患者の同意を得ない人体実験だったとして日本精神神経学会で告発されたことから、東大病院精神科病棟の占拠事件、いわゆる赤レンガ闘争へと発展し、臺は当局側として問題に対峙せざるを得なくなっていた。

反精神医学運動が吹き荒れるなか、「当時は、分裂病の研究そのものが悪であるかどうかという議論もあって、かなり緊張した雰囲気のなかで分裂病の病理研究がスタートした[31]」と、中井は語っている。

鴨沢が中井に初めて会ったのは、中井を担当する後輩の編集者が大量の原稿を受け取り、途方に暮れていたところ、これではとても本に収録できないからと大幅なカットを頼むために東大分院を訪ねたときのことである。

削ってください、いや、一行たりとも削れない、と押し問答を繰り返した挙句、中井曰く、鴨沢に「バッサリ」削除され、しかも、一巻では収まらないため三巻に分けて収録されることとなった。

「当時のワークショップの時間割が残っているのですが、それによると、中井先生の発表はいつも最後でした。始まったら、なかなか終わらないからです。それ以外の時間は私の横にずっと座っておられて、つまらない発表が続くと、あの人の血液型はなんだろう、B型かな、いやAB型じゃないかな、なんてクイズを出し合って遊んでいました」

権威的なところはまるでない。頑固でヤンチャないたずら好き。鴨沢が記憶する中井にはそんな一面があった。

ワークショップを中心にまとめた『分裂病の精神病理』は当初一巻だけで終わる予定だったが、

途中、東京大学出版会から星和書店へと版元が変わってなお続き、結果的に二十六年、全二十四巻の長大なシリーズとなった。

中井は三十代のすべてを東大分院と青木病院で過ごした。「あたたかい対応と細心の注意を払って治療・看護・介護を行うことを大切にする」という青木病院の理念を掲げた青木典太（義作の息子）へ捧げた弔辞で、次のように回想している。

私がほんとうに患者のことさえ考えておればよい時代を送ったのは、青木病院においてであり、病院の廊下を早足で歩きながら、自分は今、水の中の魚のようだと感じたことがあります。[32]

中井が名古屋市立大学医学部神経精神科医局の投票で助教授に選ばれ、東京を去るのは、一九七五年の春。「分裂病のワークショップ」で初めて中井に会い、その発表に大きなインパクトを受けた教授の木村敏は、名市大の教授に就任したとき、なんとしても中井に助教授になってほしかったと自伝で述べている。

彼が七五年に名市大に来てくれることになったのも、熱海の温泉で湯につかりながら交わした私との精神病理学談義がいい印象を残していたからなのだろう。中井君が八〇年に神戸大学の教授になるまでの約五年間、私は彼から実に多くのことを学んだと思う。[33]

この名古屋時代に出会った山中康裕をはじめ、名市大の若き医師たちが中心となってまとめたのが『思春期の精神病理と治療』[34]である。

学園紛争を機に、青年期の精神病理がクローズアップされた同じ頃、水面下では、子どもたちの神経症や心身症、学校恐怖症といった問題が進行していた。精神科医の目にようやく思春期が見えてきた。中井は、「家族の深淵」に踏み込んでいった。

第二章　橋渡しことばとアンテナ問答——臨床作法

これまでの人生でもっとも楽しかった時期はいつか。いささか俗っぽい筆者の問いに、「名古屋ですなあ」と中井は答えた。八十歳を目前にしたある日、逡巡する素振りも見せず、即答であった。

名古屋は、中井久夫が四十代の前半を過ごした土地である。一九七五年、名古屋市立大学医学部神経精神科の助教授に着任し、多くの患者を診察した。木村敏教授のもと、若い医師や看護師の教育にあたり、国内外の精神科医や心理臨床家と交わり、統合失調症を始めとする精神疾患への考察を深めた。いわば臨床の最前線を駆け回った時代である。

第一次オイルショックによるインフレ抑制策で公定歩合が引き上げられ、戦後初のマイナス成長を記録、高度成長は終わりを告げていた。連合赤軍のメンバーが人質をとって立てこもったあさま山荘事件を機に大学紛争は急速に衰え、世の中には「しらけ世代」と呼ばれる政治に無関心な若者たちが増えていた。政治よりも身の回りのことが大事なミーイズムを歌ったといわれる〝四畳半フォーク〟が流行したのもこの頃だ。

臨床の場では、のちに中井の「臨床作法」と呼ばれる言動が、同僚や教え子たちによって次々と目撃された。

診察室の扉を開けて待合室に顔を出し、「〇〇さん」と名前を呼んで患者を招き入れる。睡眠や食事、便通を訊ね、脈をとり、体重を測り、顔色や舌、髪の艶、爪白癬を診る。初診では、患者に顔を近づけて直接眼底鏡で検査することもあった。

統合失調症の「寛解過程論」を発表するにあたって、身体症状と精神症状を時系列で記したグラフを作成して患者の状態を縦断的に観察することを常としていた中井にとり、身体的兆候に目を配るのは当たり前のことだったが、その行為は同時に、医師と患者の距離を近づける意味をもっていた。

診察に陪席した若い医師たちが戸惑ったのは、沈黙である。初対面の患者は緊張のあまりしゃべれない。中井は低い姿勢で何十分もじっと待ち、空気が和らいできたところで、「しゃべるのが苦手みたいだね」「ところで今日はどうしたんだっけ」などとやさしく声をかけた。

描画を試みるときも、解釈は一切しない。「ここはこうだった?」「こっちもあるかな」と小声でささやき、第三者が入り込めない二人の世界を形成していた。

比喩を用いた「橋渡しことば」や不安の感度を表す「アンテナ問答」[1]といった対話の手がかりは、患者に脅威を与えない会話のあり方について同僚たちと試行錯誤する中で探り当てたものである。

何度も中井の診察に陪席した滝川一廣によれば[2]、自分には見えないものでも、患者が見えると訴えれば、中井は「私には見えないのだけど、一緒に探してみよう」といって患者の指さす壁や天井を一緒に探し始めたという。

ただ幻覚や妄想については、「時間や空間的限定は試みるけれども、これらを「自我に再統合する」という大それた課題を自分にも患者にも課さない。自我どころか、夢にさえ再統合できないからこそ、妄想や幻覚なのであろう」[3]。意識すればするほど固着化する。ことさら採り上げないことで生活の中での比重が減り、「カサブタのように要らなくなって脱落する」[4]のがいちばん望ましいと考えていた。

中井がとくに大切にしたのは、家庭訪問だった。患者から調子が悪いと電話があれば駆け付けた。もう少しでこの患者の謎が解けるだろうと思うときには、自分から往診に出かけることもあった。ペットの犬と話をし、間取りを眺め、親きょうだいの関わり方を観察する。珍しい名前の家だと、それをとっかかりとして土地や家の歴史にまで話題を向けた。

家庭訪問には、「家庭の平衡にわずかなりともヒビを入れ、少しでもかき乱そうという意味合い」[5]があり、医師は家族の行き詰まりを打開するかきまわし役、トリックスターだった。

この頃、中井に雑誌への連載を依頼してきた人物がいた。日本評論社『からだの科学』編集長の清水長明である。清水は、内容にもページ数にも注文はつけず、自由に書いてほしいと伝えた。そこで中井は、寛解過程論を一般医療者向けにかみ砕き、臨床の積み重ねから得た患者やその家族の支え方、往診のすすめなどについて解説した。のちに書籍としてまとめられる『精神科治療の覚書』[6]である。

そうでなくとも強者と弱者という不平等な関係に陥りがちな医師と患者の間で、医師の尊大さを戒め、心を砕いて患者と接するための手ほどき、いわば「精神科治療のＡＢＣ」といえようか。連載の中盤からは、研修医の滝川一廣や中里均、向井巧らが議論に参加し、加筆修正に協力した。とくに病棟の開放化について論じた章は、滝川のプランに目を留めた中井が執筆を勧めたものである。

中井は自分の治療をどう自己規定しているかと問われた際、「リアリズムというかエンピリシズムというか」[7]と答えている。『精神科治療の覚書』はまさに「経験の書」。中井の念頭にあったのは、江戸時代に各地の農民たちが経験や見聞をもとに書いた『農書』だった。

患者を軽んじ、「脳を障害した了解不能な病者」とみなした旧来の精神医療に反省を促し、精神病などないと主張した反精神医学運動と大学紛争によって多くの混乱がもたらされたものの、現場の風通しはよくなり、高い志をもつ医師たちが生まれていた。

精神科病棟への長期収容が常態化するなか、病人である前に一人の人間として、医療者や地域が彼らをどう支えるかは喫緊の課題だった。中井は当時を振り返り、こう書いている。

一九七三年に、私は、一九七〇年代に精神科医である者は二重の任務がある、一つは、新しい患者を当時精神科病院に氾濫していた慢性統合失調症患者にしないこと、もう一つはすでにそうなった患者に安全と保護とよいアメニティとを保障することである、と書いた。私は今もそう思っている。いろいろなことは変わったが、事情の根本は今も変わっていない。[8]

「楡林達夫」のペンネームで日本の医局制度を批判的に論じて、若い医師たちを鼓舞した『日本の医者』から約二十年、中井は『精神科治療の覚書』をもって再び、現場にエールを送ったのだった。

一九八二年にはもう一冊、『分裂病と人類』が東京大学出版会より出版されている。中井の代表作の一つといわれ、中井自身、「私の統合失調症論の核心の一つは一見奇矯なこの論文にある。

他の仕事は、この短い一文の膨大な注釈にすぎないという言い方さえできるとひそかに思う」[9]と述べている。

「分裂病と人類」「執着気質と歴史的背景」「西欧精神医学背景史」の三章から成り、このうち、中井の疾病観が凝縮されているのは、統合失調症と強迫症を文明史的な視点から論じた第一章「分裂病と人類」である。誤解を怖れず要約すると――、

狩猟採集生活を送っていた時代、人類は、乾いた石の上に残された足跡やかすかな草の乱れ、風の香りから獲物を察知する能力をもっていた。中井は彼らを「分裂病親和者（S親和者）」と名付け、その優位性は「徴候を読む能力」にあるとした。

ところが、農耕社会の到来で定住生活が始まるとその重要性は下がり、職業生活における強迫性が彼らを異常としてはじき出すようになった。

近代化が進んだ十九世紀初頭、欧米で巨大精神科病院が設立されるなかで統合失調症の概念が成立したのはそのことと無関係ではない。

だが、赤ちゃんが母親の表情を読むことにも、配偶者の選択にも、気候や災害の予測にも、徴候知は必要である。統合失調症の人々がいなくならないのは、「人類とその美質の存続のためにも社会が受諾しなければならない税のごときもの」ではないか――。

仮説の土台にはもちろん、東大時代、土居健郎を中心として始まった「分裂病のワークショッ

プ」で交わされた議論の蓄積と、寛解過程論、そして日々の診療がある。

中井は弟子たちに繰り返し、「頭のてっぺんから足のつま先まで分裂病の人はいない」といったというが、そこには、人類は今なお「失調すれば究極的に分裂病となって現象するもの」を抱え、中井自身、自分の中にもその種子の存在を感じてきたという背景がある。

誰もが病気になりうる存在であって、自分たちにも統合失調症の人たちが示す症状が一過性でも起きることはある。だから治療にあたっては、症状よりも患者の健康な部分に光を当て、そこを広げていけばいい。慌てずに患者を見守っていなさい——。

この疾病観はどれだけ医療者の意識を転換させ、患者やその家族を勇気づけただろうか。

一九八〇年、神戸大学医学部精神神経科教授・黒丸正四郎の退任に伴い、中井は第三代教授に迎えられた。旧制甲南高校を卒業して以来、二十八年ぶりの神戸である。

といっても、育ったのは宝塚と伊丹で、神戸に住むのは初めて。しかも、子どもたちの学校の都合で単身赴任を余儀なくされた。神戸暮らしは、「恐る恐る」[10]始まった。

医療や看護に携わる人々に大きな示唆を与えた『精神科治療の覚書』と、医学のみならず歴史、哲学、文化人類学、社会学へと幅広い読者を得た『分裂病と人類』。これら二冊の執筆と併行して、これまでの論考をまとめた『中井久夫著作集』（一九八四—）の編集作業が始まっていた。

名市大で院内講師として中井を支え、その後、京都大学教育学部助教授になった山中康裕と岩崎学術出版社の要請によるもので、本人が紛失した論文や講演の記録まで山中がファイルに整理して保管していたことが、編集を助けた。

中井には、この全集をもって自分の仕事を「ひそかにしめくくるという気持ち」[11]があった。神戸に赴任してまもなく甲状腺機能障害を患い、臨床にも教育にも私生活にも支障をきたしていた。そんな想いとは関係なく、相次ぐ出版とその反響の大きさによって、臨床にはいささか困った問題が生じていた。著作を読んで、中井先生にぜひとも診察していただきたいと、ファンのごとき患者がやって来るようになったのである。これには閉口した。しばしば、「自分の書いたものはあなたにとっては出来合いの料理であり私は私なりに一所懸命注文料理をあなたのために作るから、できれば出来合いのほうは食べないでほしい。両方食べるとおなかにもたれるのではあるまいか」という意味のことを必死に説明しなければならなかった。

暗闇から急にまぶしいところに引き出されたようで、中井は、マルクスの「よい仕事をする条件は若くて無名でまずしいことだ」という言葉を繰り返し思い出すこととなった。

経験主義的立場に立つ精神科医は、「いつも遅れて到着する」[12]と中井はいう。

「社会変動をまともに受け、社会病理の刻印の深い対象を、社会変動の中で扱わねばならない点では、精神医学は特殊な地位を占める。たえず揺らぐ地面の上に何ほどか有効なものをと模索するのが、精神医学の偽らない姿である[13]」

中井のもとには、これまで付き合いのなかった雑誌や新聞からも執筆やインタビューの依頼が舞い込み、応答を求められるようになった。バブル景気を目前に控えた日本社会では、家庭内暴力や家庭内殺人、いじめ自殺、中年の過労自殺など、心の問題に基因する事件が起こり、精神科医や心理臨床家はこれらの問題に対する知恵を求められた。

精神医学と臨床心理学の過去一世紀の蓄積を集大成することを目指して編まれた、『岩波講座精神の科学』（一九八三―八四）シリーズの「まえがき」に、その時代状況が垣間見える。編集委員には、臨床心理学から河合隼雄と佐治守夫、精神医学から笠原嘉と飯田真、そして中井が就任した。

二〇世紀後半にいたり、一方で宇宙空間に向かって急速に拡げられた人間の知的探究は、他方で、あたかもバランスを求めるかのように、自身の内なる「こころ」の問題にも、これまでになく積極的に焦点を合わせようとしています。もちろんそれは一つには、「こころ」の問題についていや応なく考えさせる現実的出来事が、われわれの身のまわりに多発するようになったことと、無関係でないでしょう。家庭内秩序の動揺、教育をめぐる諸困難、人口の都市集中や価値の多元化や社会の目まぐるしい変貌に伴う人々の困惑、長寿化がもたらす新しい価値の模索等々、難問がひしめいていることは周知の通りです。しかも、これはわが国に限ったことではありません。

しかし、内なる「こころ」がいま関心をひくもう一つの理由として、前世紀以来一世紀の蓄積によって精神医学と臨床心理学がようやく自己主張できるところまで成長してきたという学問的状況もあるだろう。そう、われわれは思うのです。

編集委員に就任したからには、概説を一巻も書かないということは許されない。中井はやむなく第八巻「治療と文化」を選んだ。のちに『治療文化論』として再編集される文化論である。奈良盆地の宇宙論的地誌学から天理教教祖の誕生を読み解いた「宗教的「創造の病い」」としての中山ミキの変貌」や、民間治療と治療者イエスを論じた「患者と治療者」といった特異な小論はじめ、それまでの文化精神医学が中心に据えていた「普遍症候群―文化依存症候群」の対立図式に「個人症候群」という見慣れない概念を持ち込んだ「「個人症候群」概念導入の試み」など、中井の膨大な著作群のなかでも「すべての発想が流れ込んだ合流点」[14]として多様な読み方をされることとなるこの概説は、病とは何か、患者とは、治療者とは誰かを根源から問い直す画期的な論考となった。

各巻の中でも異様に長い「概説――文化精神医学と治療文化論」の生みの苦しみについては、中井自身が『治療文化論』のあとがきで詳説している。

追い詰められた挙句に一週間の休みをとり、御茶ノ水にある山の上ホテルにカンヅメとなった。高校時代の登山経験を思い出し、四十五分書いて座位のまま寝るという方法を繰り返し書き進めていく。

編集者はやさしく、粘り強く待ち続ける。講座の概説としてのみならず、オリジナリティある「文化精神医学をもっと書き加えてください」との助言にスタミナは尽きかけた。

> 私は、ほとんど「糸をくり出すカイコ」のごときものとなった。その中で私は一九八〇年代『週刊朝日』の「デキゴトロジスト」たちの運命に陥っていった。すなわち、話をにぎわわせるために自分を売り、家族を売り、そして友人を売りかけたのである。治っていない患者を売っていないのがせめてものことであったか。[15]

ほとんど徹夜の幾日ののち、岩波書店の編集者は『プルターク英雄伝』の翻訳などで知られる哲学者、河野与一が使っていた書斎を中井に提供した。事典と辞典に囲まれた静謐な空間にあって、中井は「洗い清められ」、推敲を無事に終え、ようやく「下山」することとなった。

一九八三年の出版後、中井は『治療文化論』を読み返すことはなかった。編集者を通して、大岡昇平から「小説が百書けますね」との高評を受け取るなど、さまざまに話題となり評判を呼んだが、中井自身は「デキゴトロジー」の対象となった人たちの顔をまともに見ることができなかった。

一九八四―八五年、神戸大学医学部附属病院では外来研究棟が全面改築されることになり、中井の研究室が取り壊され、二度にわたり仮住まいを余儀なくされた。書籍の大半は梱包されたまとなり、書棚に並べたものも並べ方が顧慮されるわけではない。「フロイトの著作の隣りにはまちがってもユングではなくむろんアドラーでなく必ずアブラハムでなければ気が狂う私である」「私によれば本は並べ方が九割なのである[16]」。

職場で落ち着くことはなく、「私は図らずも一年の強制的な研究休暇を与えられた[17]」。

この頃、精神的物理的危機にある中井の支えとなっていたのは、現代ギリシャの詩人たちであった。翻訳は旧制甲南高校時代から手掛けており、歴史としては精神科医の仕事よりもずっと古い。新古今和歌集をポール・ヴァレリーの詩の原文と対比させるなど「絢爛たる講義」を行った国文教授の北山正迪《まさみち》の影響が大きく、中井はラテン語、ギリシャ語、フランス語、ドイツ語などあらゆる語学に秀でていた。

知人の結婚式に捧げる祝婚歌を探していたときに現代ギリシャの詩人に出会い、読むうちに長年の渇きを癒してくれるように予感したのが、再び訳し始めるきっかけだった。中井の言語意識は、「「病」とか「分裂」とか「鬱」とか「自我」とかいうことばかりを用立てた二十余年をへだてて、もううんざりだ、と反乱を起こした[18]」。

私はほんとうに久しぶりに「花」「海」「空」といった字を書いた。深海から急速浮上した潜水夫のように、こんどの私は潜函病（潜水夫病）になった[19]。

まずは私家版として二十部をつくって知人に配布したところ、みすず書房の小尾俊人編集長から思いがけず出版を勧められた。精神医学書以外の翻訳出版は初めてであり、中井は深く感謝した。近現代のギリシャ詩人のアンソロジー、『現代ギリシャ詩選[20]』である。編集を担当したのは吉田欣子だった。

当時の苦悩は深く長引き、吉田へ宛てた手紙にはもっと生々しく直截に表現されている。吉田は東大分院時代に中井と出会い、サリヴァンの『現代精神医学の概念』『精神医学の臨床研究』などを担当したが、後輩の守田省吾に引き継いだのちは、文通友だちのような関係になっていた。

お手紙いただくたびに講座[21]のことで胸が痛みます。いつも頭から離れないのですが、まったく書けそうにないような断崖にすくんだ思いがしております。三十代、分裂病の精神療法に明け暮れていた時代は遠くなりました。私の考え方も年とともに変わって言葉になりにくいものになりました。サリバンさえついに、分裂病の精神療法を言い表しえぬものとしているのを見て感慨を覚えます。まさか代わって書いてくださる方は、と徒な望みを持ちます。神経誌の八八巻八号に沈黙患者に対するシュヴィング的接近を行い、その精神療法を意義づけた松尾正（肥前療養所）の論文は私を瞠目させました。神田橋さんの影響、そしてわずかに私の影響が見られますが、私のいう、もう少ししたら次の世代が出てきますよ、とこの企画のときに申し上げたのが、ついに現れたかという思いです。

私は器用にたくさんの論文を集めてというふうにはいかないのです。また自分にやれそうにないことをもっともらしく書けないのです。それにしても文献やノートも、教授室の三回の引っ越しでばらばらになってしまいました。今度来年の二月に四度目の引っ越しがあります。神戸大学に来てからは、そういう意味でも、ガタガタです。

愚痴を申して申し訳ありません。うつ状態なのかもしれません。体の故障が次々に出るのも、大きく見れば初老期うつ状態の一環かもしれないのですが、自分ではつかめなくて困っています。親しい同僚に相談しかけても逃げますし、……。二、三、薬を試みても自分に出すと効かぬものです。あるいは単純に年齢の仕業かもしれません。大変早熟だった者のたどる道かもしれません。とにかく講座で困っています。それで、うつ、なのかもしれません。編者の方にご相談くださってもよろしゅうございます。私がこういうことを書くことはまあないことでありましたが、今週、精密検査を受けてみますが、体のほうではないのでは、と思っています。甲状腺の異状は続いていますけれども。こいつが気力を削ぐ黒衣なのかもしれませんが。お気を重くさせるであろう手紙になって申し訳ありません。たぶん医学部教授などという仕事は私に向いていないのでしょう。身過ぎ世過ぎのためには仕方ないことですし、体の弱い私には助かる面も多いのですが。寒さに向かいます折柄、くれぐれもお大事に。

十一月三日　吉田欣子様[22]

私生活では、四年間の単身生活を経て、一九八四年にようやく名古屋にいる家族を呼び寄せていた。久しぶりの家族団らんと思いきや、家にいるときはほとんど書斎にこもり、たまに小学校の運動会を見に来ても、気がつくと木陰で本を読んでいた——とは、次女・久美子の回想である。

第三章　詩と真実

一九八九年、中井久夫は二十世紀最大のギリシャ語詩人、コンスタンディノス・カヴァフィスの訳詩集『カヴァフィス全詩集』[1]で読売文学賞研究・翻訳賞を受賞した。八〇年春に神戸大学医学部教授となって九年、五十五歳だった。

難解で知られるハリー・スタック・サリヴァンの講演録を翻訳したとき、中井はサリヴァンが講演した講堂を調べ、しかるべき聴衆を配置し、自分がサリヴァンになって講演しているつもりで訳した。

今回も部屋の家具をカヴァフィスの書斎の雰囲気に似せ、独訳や仏訳などを吟味し、自分の訳をテープに入れて繰り返し聞きながら、四年をかけて翻訳を吟味したという。

その豊かな音楽性に衝撃を受けた一人の若き詩人がいた。福岡の谷内修三である。谷内は中井に感想を書き送った。

「雅語、和語、漢語、俗語が自在に交錯し、声の変化のなかにドラマを感じました。日本の現代詩は、ひとつの声で感情を描くものが多いので、中井さんの訳詩は刺戟的でした」

のちに解題を担当した『リッツォス詩選集』[2]のあとがきで、谷内はこのときの手紙の内容を明かしている。

これを機に中井との二十年にわたる文通が始まった。一九九一年にみすず書房から『括弧　リッツォス詩集』が出版されると、これを読んだ。リッツォスは軍事独裁政権に抵抗したことから「ギリシャのソルジェニーツィン」と呼ばれた詩人である。

個人崇拝や思想宣伝のような詩はない。映画のような作風に魅せられ、『括弧』以外の作品も読んでみたいと手紙を送ると、中井からワープロ打ちした私家版のヤニス・リッツォス詩選集が送られてきた。

谷内は中井の訳詩を同人誌や自身のブログで紹介し、解題を加え、まとめたものを中井に送ったところ、二人で書籍にすることを提案された。そうして出来上がったのが『リッツォス詩選集』だった。

大嵐の夜が夜に続く。孤独な女は聞く、
階段を昇ってくる波の音を。ひょっとしたら、

二階に届くのでは？　マッチを濡らし、
ランプを消すのでは？　寝台までやって来るのでは？
すると、海中のランプは、溺れた男の頭になるでしょう。
男の考えはただ一つ、黄色だった――。女は救われ、
波が退く音を聞き、テーブルのランプを見つめる。
そのガラスは少し塩が付いて曇っていますね？
（「救済の途」）

前半は夜の描写で、後半は女の空想。いや、すべて女の想像の世界だろうか。現実には存在しないはずのものや人、その不思議さが女性を救済する。想像力の楽しさ、美しさに惹かれ、谷内はこう読み解いた。

中井の訳は、ことばが自在である。漢語も出てくるが、この詩にあるように、口語のつかい方がさっぱりしている。口語が、深刻な状況、危険な状況（嵐）を、軽くいなしていく。「頭」で考えると、恐怖に陥ってしまうが、「肉体」で受け止めると、なんとかなるさ、という気持ちになる。

「頭」（知）ではなく、なにか別のものが人間を最終的に救済する、という感じがする。そういうきっかけのようなものを、私は、中井のつかう口語に感じる。[3]

百を超えるリッツォスの詩に添えられた百を超える解題の中の一部であるが、これほど中井の言語感覚を平らかに捉えた文章はない。

中井と詩の関わりは、戦後初の入学生となった旧制甲南高等学校時代にまでさかのぼる。二人の国語教師からリルケとヴァレリー、エリオットを学び、図書館に寄贈された九鬼周造の蔵書から原書を借りて筆写し、持ち歩いた。

デカルトの「隠れた生がもっともよき生である」という言葉を知り、自分の生をそのようにデザインしようとした。授業をしばしば欠席して図書室や九鬼文庫にいた。神戸港に海を見に行くこともあった。[4]

「打ちひしがれた占領下、私たちを圧倒したヨーロッパの精神の謎に分け入りたかったのだろう。ドイツ語、フランス語の他、若いほうの教師といっしょに西洋古典語に手を染めたりもした」[5]

九鬼文庫にはヴァレリーの署名入りの『若きパルク』初版本をはじめ、多くの版のヴァレリー、リルケ、エリオットがあったほか、フランスに留学した頃の九鬼自身のノートも並んでいた。

後年、中井と詩の研究会を立ち上げて議論を重ね、九鬼文庫もよく知る中島俊郎・甲南大学名誉教授によれば、西洋の詩人たちとの出会いよりもっと重要だったのは、哲学者であり詩人、歌人でもあった九鬼周造という人物が中井に与えた影響ではないかという。

「九鬼のフランス語の家庭教師は若き日のサルトルだったのですが、当時の九鬼のノートから、九鬼がサルトルとヴァレリーについて対話していたことがわかります。[6] その対話法の中身が中井先生のヴァレリーに対する考え方にぴったりなんです。つまりそれは、「知性・理性」と「情念・感情」のバランスをどうとるかという命題でした。もっとも、当時の中井少年はこのノートを見てもまだよく理解できなかったでしょうが、自らのヴァレリー体験を予兆する体験だったのではないかと思います」

多感な季節に養われた言語感覚は、寡黙がちだが内なる戦闘状態にある統合失調症の患者へのアプローチに手がかりを与えただろう。中井は診察室でよくメタファーを用いた。何も決めつけず、誰も傷つけない、開かれた言葉。たとえば、患者と一緒に絵を描きながら、「この鳥は羽をあたためていますね」というように。

中井の詩の定義はこうであった。

「詩とは言語の徴候優位的使用によってつくられるものである」[7]

また、こうも書いた。

「詩とは言語の徴候的使用であり、散文とは図式的使用である。詩語は、ひびきあい、きらめき交わす予感と余韻とに満ちていなければならない」[8]

もう少し平易な文章もある。

「私の予感的な言語意識は次の行を予感する。この予感が外れても、それはそれで「快い意外さ la bonne surprise」がある。詩を読む快楽とは、このような時間性の中でひとときを過ごすことであると私は思う」[9]

書棚に並んだ本の背表紙が視界に入るだけで中身が呼び戻されて苦しくなるほど超人的な記憶力をもつ中井にとって、因果から解放され、未来に大きく飛翔させてくれる詩的言語は生きていくために切実な乗り物だったのではないか。

徴候化、すなわち未来を先取りして感知する能力である「微分回路」が暴走すればパニックになる。「微分的メタ世界」（微分世界）の氾濫である。

一方、ある刺激、中井のいう「索引」によって過去のデータを参照する能力である「積分回路」が極まっても精神は危機に陥る。「積分的メタ世界」（積分世界）の絶体絶命である。

そこで正気を保つために中井が発見したのが、外部の世界を対数変換、つまり大きなものを小さくして扱いやすくする「比例回路的認知システム」だった。このシステムがうまく稼働しているのが「比例世界」、つまり日常である。

一九九〇年に発表された「世界における索引と徴候」の前半、中井は「この世界が、はたして記号によって尽くされるのか」と疑問を呈している。巷間用いられる「記号」で微分・積分世界を語ることへの違和感である。

このため「世界における索引と徴候」は、広告や芸術、都市など広く文化現象の分析方法にまで適用される表層的な記号論的世界観への疑義として書かれた、と評されることが多かった（たとえば、斎藤環『若者のすべて』ＰＨＰエディターズグループ、二〇〇一など）。

記号論学者ウンベルト・エーコが、すべてを網羅した百科事典のような小説を書きたいといって発表した『薔薇の名前』が大ベストセラーとなり、ショーン・コネリー主演で映画化もされた時代である。斎藤のこの本も博報堂の広報誌「広告」の連載をまとめたものだ。記号論花盛りの時代背景を思えば、まったくそのとおりだろう。

いま一度、虚心坦懐に読み直してみるとどうか。「世界における索引と徴候」は、「徴候」と「索引」というキーワードを用いて統合失調症と強迫症を文明史的な観点から論じた『分裂病と人類』[10]を発展させた中井の疾病観そのものであり、人格形成期からの言語体験と、元分子生物学者としての科学的直観と、臨床知の化学反応によって生まれたまったく新しい人間論といえないだろうか。

私たちは日常の比例世界に軸を置き、微分世界と積分世界の間を行きつ戻りつする振り子のような存在だ。どちらか一方に大きく振れれば軸はしなり、やがてポキンと折れてしまうだろう。

「家族の深淵」（一九九二）では、往診先で患者の足の裏に触れながら脈を同期させ、静かにチューニング・インする中井の診療の様子が描かれる。同行した主治医には芝居がかって見えた行為だが、自分を安全地帯に置いたまま振り子の錘《おもり》を力ずくで引き寄せようとするのではなく、患者を抱きかかえて一緒に左右に揺られながらゆっくりと着地していくレスキュー隊員のようではないか。


一九八〇年代後半から九〇年代はじめにかけて、世界地図は大きく塗り替えられた。ソ連の共産党独裁体制が崩壊し、東欧諸国においても次々と共産党体制が倒れた。民主主義と市場経済を求める東欧革命が成し遂げられ、四十五年ぶりに東西ドイツが統一された。

米ソ冷戦体制が終わると、国際秩序の不安定さを露呈するように湾岸戦争が勃発、ボスニア・ヘルツェゴビナやルワンダの内戦に見られるような民族紛争が各地で頻発した。ＥＵの通貨統合に向けた動きが本格化し、経済のグローバル化も進行するなか、イスラム原理主義が台頭したのもこの頃だ。

日本ではバブルが絶頂を迎え、エゴイスティックな救済を掲げたオウム真理教が国家転覆を狙って水面下で着々と活動を開始した。

精神医療の分野では、看護職員の暴行で患者が死亡した一九八三年の宇都宮病院事件を機に、国連の人権委員会で日本の患者の処遇が問題視され、内外で批判が高まった。

これを受けて、八七年には精神衛生法の改正法である精神保健法が成立。本人の同意に基づく任意入院が新たに設けられ、病棟の開放化が進められるようになった。精神科病院を全廃したイタリアを筆頭に、早期退院して地域で暮らしながら回復を目指す「地域化」の流れに乗る動きである。

だが法改正から三十年以上を経た今はどうか。日本の精神科の病床数は世界一であり、回復の見込みのない認知症や、家族が世話をできない精神病患者がベッドを占める「社会的入院」が大きな問題となっている。とくに地方の私立病院では慢性的な人材不足が続いており、社会復帰後の支援にまでなかなか手が届かない。

中井は社会復帰や結婚など人生の門出のときに、患者やその家族に、こう言い添えたという。

「これは実験であって、実験には失敗というものはない、なぜなら、それはまだ早いとか、自分には合ってないらしいとかがわかったら、それはそれで成功なのだから」「試行錯誤は、回復途上者の特権であると思う[11]」。

患者だけでなく、患者と共に生きる世界をつくるため奮闘している全国の医療者を励ます杖《つえ》言葉であろう。だが、彼らの個人的な努力に委ねるだけでは限界がある。

一九八九年、昭和は終わった。中井は主治医として無選択で患者を診ることからは退くが、ドクターズ・ドクターとして優れた後進を世に送り出し、翻訳家、批評家としてはこれまで以上に執筆の場を広げた。

兵庫県で購読率一位を誇る神戸新聞では、一般紙初となる連載「清陰星雨」が始まった。[12] テーマは医療だけでなく、国際政治、大学、詩、旅、身辺雑記など多岐にわたり、ファミリー層にも多くの読者を得て、この連載は二〇一二年まで続いた。

当時の言論界で話題になった「「昭和」を送る」[13] は、昭和天皇の崩御まもなく、哲学者・田中美知太郎が設立した日本文化会議の雑誌「文化会議」に掲載されたものだ。

言論界の左傾化に対抗して刊行された雑誌で、メンバーは田中のほか福田恆存、猪木正道、高坂正堯といった保守系知識人が中心だが、中井は師の土居健郎に頼まれて寄稿しただけで、もしこれが天皇擁護論と読めたとしても保守論壇入りしたことを意味しない。

楡林達夫の名で書いた『日本の医者』以来、中井は一貫して政治的スペクトルとは異なる地平にある。「昭和という時代にもろもろの精神にかかった凄まじい〈圧力〉がまるで鎮魂歌のように綴られていて、その言葉の重量に圧倒される」[14]という鷲田清一による評がその真意をフェアに伝えている。

二〇一七年六月九日、「天皇の退位等に関する皇室典範特例法」が成立した。今上天皇が高齢によって象徴天皇としての務めが縮小することを憂えて譲位のお気持ちを発表されたのを受け、まる一年にわたり審議が行われてきた。

結果的には皇室典範の改正による恒久的制度化とはならず、一代限りの退位となったため、多くの課題を先送りすることとなった。

この結論が正しかったかどうかは歴史が評価するだろうが、「明仁天皇はおのれの個人的勇気が利用されるだけに終わることを、かなり露骨に嫌悪されるのではないか」[15]という一文は、まるでこの日に向けて書かれたようである。中井の比類なき「微分回路」が改めて実証された出来事として記憶に刻みたい。

第四章　考える患者

中井久夫の読者には、多くの当事者と、その家族がいる。医療関係者に向けて書かれたものがほとんどであるため、一般書に比べて手に取りやすいとはいえないが、入院中に同室の患者に勧められて読み始める人もいるようだ。

なかには、本を読んで中井に相談の手紙を送る家族もいる。中井は時間の許す限り返事を書き、番号が記されている場合は、電話をかけて直接事情を聞いた。

「先生はなぜこんなに私のことがわかるのですか」

ある統合失調症の患者は中井に初めて会ったとき、そういって静かに涙を流した。

同じ本を繰り返し読み、発病から寛解に至る過程について頭の中に索引が出来上がっているため、自分の状態を自分にレファレンスできる患者もいる。

退院してもなかなか働けず、みんなから怠け者と思われているのではないか、という不安に押しつぶされそうなとき、中井の本を開くと、統合失調症は本来治りやすいものなのに、それを妨げる要因があるから結果として長引くという考え方もあるのではないか、と書いてある。

となれば、患者とまわりの人々にできることは、「回復の足をひっぱる因子」や「発病へののめりこみを促す因子」を探し、できる限り取り除くことである。その中に「われわれが左右しうる因子があれば、もうけもの」[1]、昨日より半歩でも前に進むことができるかもしれない。

中井の言葉は、患者や家族の生きていく添え木となるだけではなく、生活環境に目を向けさせ、これまでにない気づきを与えた。

近年、もっと主体的に、患者の視点から中井の文章を読み解こうとする試みもある。その一つ、精神疾患をもつ当事者が本や雑誌づくりを行っている鹿児島のラグーナ出版では、「病の体験を言葉と力に変えて伝えていこう」という志のもと、統合失調症がどういう病であるのか、中井のこれまでの作品を丁寧に読み込んで自らの経験に照らし合わせ、言葉にする作業を続けている。彼らの感想に、中井がコメントする企画も始まった。

二〇一五年からは、定期雑誌「シナプスの笑い」で連載がスタートし、「中井久夫と考える患者」シリーズとして単行本化も進んだ。

中井久夫と考える「患者」、ではなく、中井久夫と「考える患者」と読む。発症の引き金となる失調状況とそこからの脱出法、はじめて医療者に出会ったときに医療者に伝えてほしいこと、睡眠や薬のこと、限界と思ったできごとなど、それぞれにテーマを設け、中井のテキストをもとに自らの経験を振り返った。

「統合失調症の陥穽」も、みんなで読んだ。発病最初期の恐怖について、中井は患者から聞いた話として、「ついに実在に触れた！」という強烈な感覚に襲われ、おそろしいものだが、「その強度と純度とは、これまでのすべての体験、全人生を虚妄と思わせるほどのものでありうるらしい」、なかには「回復した現在を「楽ではあるが偽りの仮の表層的な人生である」として喜べない」人もいるほどだ、と書いている。[2]

これに対し、患者は次のように応答した。[3]

「すばらしい明日が開けていくような感じが心に起こったら、用心するようになった。調子を崩すのではないかという緊迫感とともに心地よい感じでもあるので、創作に向かってエネルギーを吐き出し、形に残すようになった。（中略）冴えてきたと思うのは錯覚なのか、真の意味で脳や心の機能が上がることはないのだろうかと、悩んでいた時期もあった」（エピンビ）

「大量の宗教書を限界を超えるまで読んでしまう。今も五十冊に及ぶ宗教書を読み始めるかどうか迷っている。もう十四回も読んできたのだ。限界を超えることはほんとうに嫌なのだが、やめられない」（緒田）

患者からの照り返しを受けて、中井の文章が現代に新たな意義を創出する。風景構成法にせよ、寛解過程論にせよ、これまで体系化することを頑ななまでに自制してきた中井にとって、彼らとの交歓は、もっとも好ましい継承のかたちなのかもしれない。

患者のことだけを考えていればよかった東京時代（一九六六―七五）、臨床実践と教育が主だった名古屋時代（一九七五―八〇）、医学部精神神経科教授として精神科全体の責任を負うことになった一九八〇年からの神戸時代は、臨床と教育に加え、地域精神医療との連携に目を配り、医療関係者向けの講演や執筆に勤しむ日々だった。

新聞や雑誌に寄稿された旅のエッセイによれば、家族と出かけたのはハワイぐらい。出不精を自認する中井の海外渡航は、ほぼ学会参加に絡めたものである。

講演の一部を現地語に訳して発表した経験を綴った「一夜漬けのインドネシア語」、弟子たちを連れてブダペスト表現病理学コロキウムに参加した際の旅行記「ハンガリーへの旅から」、力動精神医学の起源の地を名古屋市立大学のメンバーと歴訪した際に立ち寄ったオランダでの出来事を記した「ある少女」と「オランダの精神科医たち」、その足で『西欧精神医学背景史』[4]を執筆するための資料探しに出かけた、ロンドンとエジンバラでの体験を描いた「霧の中の英国経験論」[5]、等々。

「霧の中の英国経験論」は、そもそも「ＧＱジャパン」という男性向けのファッション・カルチャー雑誌に寄稿されたものである。山々や花や畑も、道案内する紳士の一挙一動も、中井の手に掛かれば色鮮やかな映像となって読者の想像力を縦横に刺激する。

チップを受け取る代わりに荷物を運んだタクシー運転手のふるまいを、「スコットランド長老教会のモラル」だと感得する中井の、いささか過大とも思える受け止めも、現実にヨーロッパへ旅するまでの四十数年、「個人的体験に触発されながら独りで頭の中の西欧と格闘していた」[6]頃の記憶が複層林のように折り重なっているため、と考えれば合点がいく。

私はヨーロッパに行かなければならなかった。そうして、頭の中でふくれあがっていた「私の西欧」と、「やはり実在していた現実のヨーロッパ」との照合を行わなければならなかった。[7]

頭の中の答え合わせのような旅は、同行者たち、とりわけ山中康裕[8]の行動力と機転もあって実り多いものとなった。ハイデルベルク大学に予約なしで入っていけたのも、精神病理学者ファン・デン・ベルフの書斎を訪ねることができたのも、自分一人ではできなかった、とのちに回想している。

一方、国内にあって外国文化にどっぷりと身を浸した、内なる異文化交流ともいえる季節を描いたのが、「Y夫人のこと」[9]である。中井がY夫人宅に下宿したのは、一九六三年の秋から六六年秋、知人の紹介で美沙子夫人と結婚する直前までの三年間だった。

古巣の京都大学ウイルス研究所を飛び出して、東京大学伝染病研究所の流動研究員になったものの、自己批判を迫られた挙げ句に破門され、江東区にある眼科で夜間診療をしながら糊口を凌ぐ、「最悪の状態にあった」時代だった。

Y夫人は大韓帝国最後の留学生として来日し、小山内薫門下の韓国人演出家と結婚するが、早くに死別して、朝鮮戦争の際に日本に避難した人である。安重根の縁戚にあたり、故国の詩人やジャーナリスト、野党総裁、彫刻家など、豊かな人間関係をもつ謎多き老婦人だった。

中井が李舜臣や安重根の名前を知っていたことが、即座に下宿を認められた理由ではないかとあるが、中井が彼らに敬意を表すのは、対ロシア戦の諜報将校だった父方の祖父が、孫にそのように語り聞かせたからでもある。

韓国統監であった伊藤博文を暗殺し、わが国の官房長官に「テロリスト」呼ばわりされる人も、彼の国では朝鮮民族独立の英雄であることを、公平に見つめることができる若き中井青年という人物を、Y夫人は一目で見抜いたのである。

「Y夫人のこと」の初出は、「みすず」一九九三年四月号であるが、後にも先にも、返り血を浴びる覚悟をもって自らの表皮を剝ぎ、「最悪」な自分をこれほど赤裸々にさらけ出した文章はほかにない。

神戸大学教授就任十年を記念する講演会で、大勢の観衆を前にして語られた、いわば表の交友録である「私に影響を与えた人たちのことなど」[10]と比べれば、心理的なハードルはぐっと下がり、解放されている。亡きY夫人の大きな懐に抱かれながら、過去を荷下ろしする中井の姿が目に浮かぶ。

中井の文章の特徴の一つである「注」の多さを再確認できるのも「Y夫人のこと」である。単行本を文庫にするとき、あるいは、改版するとき、中井はそのたびに新たな注を加筆する。「Y夫人のこと」の注が、そのまま父方の祖父の小伝になっていることでもわかるように、注といっても追補の域を超え、思考の無限の枝分かれを見るようである。

おそらく、本という物体が、ゲラという書き込み可能な平面に解体されるや、ダムの水が放流されるように言葉があふれ出すのだろう。

「精神科医がものを書くとき」に、「書くことは明確化であり、単純化であり、表現衝動の「減圧」である」とある。[11]完成に至るまでに、中井の脳内文章はどれだけ禁欲的にそぎ落とされているか。

ちなみに、中井が三十代から四十代前半までの九年間を費やし、欧米人に欠落しがちな「階級性」と「宗教」の観点から精神医学史を論じた『西欧精神医学背景史』は、注とあとがきだけで、全体の約三分の一を占めている。長年の愛読者の中には、この注がたまらない魅力だといって、すでに単行本をもっていても文庫や改版を買い求め、拡大鏡を手に味わう人もいるらしい。

神戸大学時代、「中井教授」は部下や弟子たちを「若い同僚」と呼んだ。「指導」「門下生」といった言葉は注意深く避け、若い医師たちの選択肢を増やして自由度を向上させるよう心がけていたと、当時の部下だった岩井圭司・兵庫教育大学大学院教授は回想している。

症例カンファレンスでの姿勢は指導者ではなく、助言者。「ツッコミの達人」でもあった。ある研修医が、「この患者さんは最近二年間で、なんと十数回の転職を繰り返しています」と報告すると、中井はすかさず「ほう、十数回も採用試験に合格した訳だね」と返したという。[12]

ツッコミはどこまでも温かくポジティブ。若い同僚のアイデアはどんな些細なものでもそこに光るものがあれば、その実名と共に論文や著書で採り上げた。部下の功績をまるで自分のもののように横取りする「指導者」とは正反対の態度であった。

岩井は「不肖の弟子の思い込みであるが」とことわりつつ、次のように書いている。

一方で中井先生は、「弟子」という語は許容されていたように思う。筆者が常々「中井久夫の不肖の弟子」をいろんなところで公言（?）してまわっているのは、このことに依ってい る。おそらく先生には、伝統工芸等の徒弟制度における親方と弟子の関係に対する憧憬のようなものがあった。先生のように「指導」しない指導者であり、ましてやスパルタ式の徒弟教育には縁のない人が、である。

この一見逆説的な事実は、中井先生の臨床と著作を理解する上での、一つの鍵であろうかと思う。つまり、臨床医学の叡智が必ずしも文字言語によって伝達されるものとは限らず、だからといって伝達できないものでも定式化できないものでも決してない、というのが先生の信念であったように思う。[13]

中井はそれまでの臨床経験をもとに、心血を注いで精神科第二病棟「清明寮」の設計に携わった。それは、「私なりの治療文化的答案[14]」でもあった。「精神病棟の設計に参与する[15]」によれば、一九九四年に完成するや、全国から見学者が訪れたという。

だが当時最も新しい病棟が、その翌年に大震災の試練を受けることになると、いったい誰が予想しただろう。

神戸大学での最後の時間は、予期せぬところから矢継ぎ早に飛んでくる、まったく未経験の問題に、間髪入れずに対処することに費やされることとなった。

一九九三年に書かれた「危機と事故の管理」は病院について考察した文章であるが、次の一節は、今となっては、来たる阪神・淡路大震災、来たる東日本大震災と福島第一原発事故に向けた警鐘に聞こえる。

犯人探し型の事故調査というのはとにかく他の人たちが責任を免れるように、運転手であるとか、操縦士であるとか、とにかく悪い人を作ってしまうのです。こうすれば、全部問題はなくなり消去されるわけですけれど、システム全体はこれではちっとも良くならないわけです。犯人探し、責任者探しをいったん棚に上げて全体を眺めてみることが経験を生かすということにつながると、私は思います。[16]

第五章　災害と心のケア

筆者は過去に一度、中井久夫の原稿が誕生する瞬間に立ち会った。二〇一二年十一月、場所は神戸大学医学部附属病院の病室である。

中井は体調を崩して入院していたが、その日は気分が優れているということで、急遽、取材が許可された。調子が悪くなれば中止する約束で午前十時から始まったインタビューは、昼食をはさんで夕方まで続き、とうとう夕食が運ばれてくる頃となった。

さすがにもう失礼したほうがよいだろうとレコーダーを止めて雑談になったとき、そういえば書かなければならない原稿があると中井がいった。

アメリカの精神科医ハリー・スタック・サリヴァンについて書いた文章をまとめた本の「あとがき」だという[1]。年内刊行だから待ったなしである。

編集者はさぞかし気を揉んでいるだろうと心配していると、突然、中井は、これから書くから記録してほしいといった。朝から八時間近くインタビューしていれば、ふつうは答える方も聞く方も疲労困憊しているものだ。しかも中井は入院中である。

いったんカバンにしまったレコーダーを再び取りだして録音ボタンを押すや、中井の口から言葉が流れ出た。録音ミスを恐れてノートにも筆記していたが、追いつくのに必死だった。その間、三、四十分だったか。ほとんど言い淀むことなく、四百字詰め原稿用紙十八枚ほどの原稿が書き上がった。

執筆から完成までの心理的経過について、自身の体験を交じえて述べた「執筆過程の生理学」[2]にもとづけば、「えいやっ」という掛け声で始まる「離陸・水平飛行・ドーピング期」に立ち会ったことになるのだろうか。口から出てきたときすでに、中井の脳内原稿は「初期高揚」から「立ち上がり」期まで進んでいたのだ。

一方、「災害がほんとうに襲った時」[3]、すなわち、一九九五年一月十七日午前五時四十六分に起こった阪神・淡路大震災発生直後の記録の成立過程は、ずいぶん様子が違う。

発災から約三週間後の二月九日、夜の回線がすいたところを見計らってみすず書房にファックス送稿されたが、途中で神戸大学のファックスが故障したため、その後三時間ほどかけて編集者の守田省吾に電話送稿された。

「プレッシャー・マニア（加圧下躁状態）だからできたことであり、その力を借りなければ、そもそも何も書けなかったろう」[4]と十六年後に書かれた「あとがき」にあるが、こちらはスタミナ切れ寸前、正真正銘の「初期高揚」が成せる業だったろう。

阪神・淡路大震災の発災直後から復旧・復興期に入る一九九六年末にかけて書かれた心のケア活動に関する原稿は、いわば、災害下における執筆過程の生理学を実証する生々しい記録といえる。

内容に繰り返しが見られるのは、「半ばは事態の反映」であり、「半ばは私の頭が前進していなかったからであろう。ただ時の経過とともに、動いていないようにみえる船がいつの間にか位置を変えているように、問題の重点が移動し、新しい発想が徐々に以前のものに置き換わってゆくことしかないだろう」[5]と回想する。

「ボランティア元年」といわれた阪神・淡路大震災。精神医学界も例外ではなかった。神戸大学医学部附属病院精神神経科には、全国から延べ八十名のボランティアの医師や看護師、臨床心理士らが駆けつけた。神戸には中井先生がいる、中井先生を助けよう、が彼らの合言葉だったという。

このとき全体を見渡す立場から、精神科救急のネットワーク形成過程を描いたのが「災害がほんとうに襲った時」[6]である。援助者もまた被災者であるときに何が起こるのか、ボランティアには何が期待されているのか、役割分担はどのように行うのか、医薬品が足りないと患者に何が起こるのか、といった急性期ならではの逼迫した問題に、医師らがいかに対処したかが描かれている。

慌ただしさの中にも、患者たちへのいたわりと敬意が垣間見え、この事態を共に乗り越えていくのだという強い決意が読み取れる。タイトルは、大災害における精神的な後遺症とケアの重要性を説いた、精神科医ビヴァリー・ラファエルの『災害の襲うとき』[7]を踏まえたものだ。

ふだん診察室で治療を行ってきた精神科医たちは、この震災によって「心の外科的障害」に開眼した。[8]薬で抑え込むのではなく、話を聞き、あるいは沈黙に寄り添い、共感し、支持することの大切さ。突如、避難所の責任者に任命された校長先生の心の健康への目配り、高齢者の体調管理、アルコール依存や自殺、孤立死の予防、遠方に疎開した人々とのコミュニケーションの維持など、このとき医師や看護師らが発見した、心のケアの留意点はたくさんある。

「精神障害が誰にでも起こりうるという、当たり前の事実は、一般公衆にも、精神科医にも、この震災によってはじめてはらわたにしみて認識されたのではないか」[9]

一夜にして得られた知恵ではない。自ら被災しながらもボランティアの調整役として、また精神科救護所や避難所で直接カウンセリングや診療にあたった当時の医局長・安克昌は、中井とほぼ同時進行で、現場のルポ「被災地のカルテ」を産経新聞に一年間連載している。[10]

その手記によれば、ボランティアが押し寄せたとき、ボランティアも、彼らを受け入れる側だった安医師らも、まったく途方に暮れていたという。

彼らが一歩踏み出すきっかけとなったのは、当時、京都大学防災研究所助教授だった防災心理学者の林春男がある避難所で行った、兵庫県主催の「被災者のこころのケア」と題する講演会である。阪神・淡路大震災で、「心のケア」という言葉が公式に使われた最初の出来事といわれるイベントだ。

震災から二十日あまり、避難所は依然として過酷な状態が続いており、とても講演会を聞くような雰囲気ではない。ぽつりぽつりと集まった被災者の中に、安もいた。林は知識を披露するのではなく、彼らをいたわるように語り、最後にこう結んだ（と安は記憶している）。

　これだけの大きな災害を経験されたのです。皆さんは今後の人生を、この体験を抜きにして生きていくことはできないでしょう。しかし、この苦しい体験からもまた、人はなにか貴重なものを得ることができるのだと思います。[11]

このとき安が考えたことは、大きく二つあった。一つは、医療の視点から「心のケア」を考えすぎていたということ。被災者はいわゆる患者ではない。緊急度と重症度の高い患者を治療する救急医療とは異なる視点からアプローチする必要がある。

もう一つは、では具体的に何をやるのか、だ。

ボランティアの精神科医たち、臨床心理士たちが神戸に集まった。だが、実際のところ、なにをどうしたらいいのか、いったいなにができるのかを明確に示し、実行できる人は誰もいないのだった。皆、未経験のことに手探りで進まざるをえなかった。

被災者の多くが精神的ダメージを受けていることは疑いようがなかったけれども、そういう人たちがぞくぞくと病院の精神科を訪れてくれるわけではなかったのである。

病院で待っていてはだめだ。きっと避難所にＰＴＳＤの人がたくさんいるはずだ、と私は思った[12]。

心のケア活動では、患者を待つのではなく、精神科医たちが自ら避難所や仮設住宅に出かけていく「アウトリーチ」の重要性が強調されるが、その出発点はここにある。

もっとも、始めから被災者にすんなり受け入れられたわけではない。中井の教授時代の教え子の一人で、東京の墨東病院から被災地入りした現・兵庫県こころのケアセンター長の加藤寛は、白衣に神経科の名札をつけて避難者に話しかけても、あっち行って、と敬遠されるだけだったと語っている。[13]

精神科医は必ずしも歓迎されない。医師は後方に控え、直接的な接触は看護師や保健師に任せて、彼らの要請に応じて初めて表に出て行くほうが被災者の役に立つ。そう思い知った精神科医たちは、以後、この経験をさまざまな災害支援の現場で生かすことになる。

「心のケア」という言葉はそもそも、一九九〇年代初め、身体疾患をもつ患者への精神的ケアに対して用いられるようになったのが始まりである。一九九一年の雲仙普賢岳噴火災害や、一九九三年の北海道南西沖地震でも精神的な問題への支援は行われていたが、あまり注目されることはなかった。

それが阪神・淡路大震災でクローズアップされたのは、中井が記すように、テレビの力によるところが大きい。阪神・淡路大震災は、日本最初の「テレヴァイズド・カタストロフ」だった。「全国的規模において多量の救援物資と多数のボランティアとを動員させたパワーは、テレビ画面であった。首相官邸でさえ、大幅にテレビに依存していた[14]」

被災体験や愛する家族を失った悲しみ、避難所暮らしの苦しみが連日のように報じられるなか、それを見て、いてもたってもいられず、被災した人々の心に寄り添いたいという全国民の衝動が「心のケア」を推進する背景にあった。

中井がこの一連の活動を「精神医学キャンペーン」と呼ぶのは、その一翼を担った自らの奢りを戒めるためなのだろうか。陣頭指揮をとったと受け取られることを拒み、自分はあくまでも「電話番[15]」だったとも書く。

安の著書に寄せた序文にある、「若さと果断沈着さとに敬意と一抹の羨望とを感じつつ」という一節は、傷つき、苦しむ人々の前にただ佇むしかなかった若き後輩たちへの、心底からのねぎらいの言葉なのだろう。

阪神・淡路大震災を通して築かれた心のケア活動の知恵は、その後、台湾大地震（一九九九）、新潟県中越地震（二〇〇四）、スマトラ沖地震津波（同）、中国四川大地震（二〇〇八）、兵庫県西北部豪雨（二〇〇九）といった国内外の大規模災害の救援活動において、大きな力を発揮することとなった。

来たる災害で「難しい応用問題[16]」を解くために実地を見てもらおうという中井のねらいは、確かに実を結んでいる。

二〇一一年三月十一日午後二時四十六分、東日本大震災が起きた。筆者は、阪神・淡路大震災で活動した医師や看護師らで構成される、兵庫県心のケアチームの活動を現地で取材した。十六年前、災害精神医学というほとんど未知の領域で、ゼロから経験を積み重ねてきたプロたちが、その実力をいかに生かしたかを知るためである。

発災から十数年で活動を評価するのは時期尚早であることを承知でいえば、経験は生かされた、だが、まったく想定外の事態に幾度も新たな対応を迫られた。

生かされた点は、ボランティアの姿勢である。自ら被災しながら救援にあたる現地の医師や看護師、保健師、消防隊や自衛隊、警察関係者らの後方支援に徹した。チームはそれぞれ衣食住を自己完結させ、引き継ぎの仕組みをつくり、最前線で働くその地の専門家の御用聞きを務め、一般市民に対しては心の健康についての講習を行った。

これに対して想定外だったのは、何よりも圧倒的な犠牲者の数と被害地域の大きさである。都市直下型地震は被害が限定的だが、津波は青森県から千葉県に至る太平洋沿岸をなでるように襲い、尊い命とふるさととの景色を奪った。

救援センターとなるべき病院機能は停止し、現地で調整役を担うはずの行政職員や医師や看護師の多くが犠牲になったため、過去のどの災害よりも大規模で持続的な支援体制をとる必要があった。

加えて、福島第一原子力発電所の事故である。多くの人が故郷を去ることを余儀なくされ、遠隔地への避難によって人間関係が分断された。目に見えないものへの恐怖は、支援者をも尻込みさせた。

発災直後、阪神・淡路大震災との比較を訊ねるマスコミの電話取材に対し、中井は、ボランティアはそこにいるだけで意味があること、そして、温かい食事を提供することの大切さを訴えた。だが災害は常に新しい。自分の経験がそのまま役立つわけではない。

東日本大震災を受けて復刊された『災害がほんとうに襲った時』の「あとがき」に、阪神・淡路大震災の経験と比較するのは「少年と巨人とを比較せよというようなもの」、「似ているのは、残された未解決の問題が次第に難しいものになること」と記すと、翌年以降はほとんどコメントしていない。

東日本大震災を経験した今、「東京に備えよ」という中井の警告は、ますます現実味を帯びている。「必ず「予想外」があるのが災害[17]」である。

都心へ向かう橋が渋滞する可能性があることや、防火帯としての道路の働き、海上交通の重要性、延焼を防ぐ街路樹の整備、外国人の避難や国際救援の受け入れ体制など、阪神・淡路大震災直後に中井が見抜いた首都の弱点を、一日も早く総点検すべきだろう。

なお阪神・淡路大震災からしばらくして、「訳詩で止まって詩を書かない」はずの中井が、「これは何という手か」という詩を発表している。福岡在住の彫刻家、鎌田恵務《けいむ》が戦後五十年を祈念して編んだ小冊子『手　Hand』に掲載されたものだ。
鎌田は「手」をモチーフにした作品に取り組んでおり、この詩は、福岡にある中比恵《なかひえ》公園の噴水彫刻に寄せられた。

これは何という手か

これは何という手か。
原初の岩盤から切り出された
こごしい岩の一片。
単純、動かず、
ただ存在する手である。
ほとんど足かと迷う手。
大地から湧いた幼い巨人の手。
まだ何も知らず、
何にも汚れず、何をも汚さない、

動きはじめていない手。
糸をつむぐことも、
木を削ることも、
漬物を漬けることも、
上顎についた漬物を取ることも、
闇をさぐることも、
飼い犬をかいでなでることも、
汗ばむことも、
手をつなぐことも、
愛撫しあうことも
知らない手だ。
私は知らなかった。
このような、そういうことすべてをこえて、
ただあることを以てある手を。[18]

発表されたのは、一九九五年十二月。中井がちょうど、神戸からはるか遠く、関西空港島対岸

にある、大阪府泉佐野市のりんくうタウンの仮設住宅を訪ねた頃である。当時、兵庫県庁地域保健課で、「兵庫県精神保健協会・こころのケアセンター」設立の予算要求を担当した藤田昌子は回想する。

「行政は属地主義ですから、県外に避難した人をなぜ支援するのかという反対がありました。すると、中井先生はりんくうタウンに出かけて被災者の声を直接集めて、支援すべきだと強くプッシュされた。ふだんは裏方に徹しておられるのですが、いざ問題点が報告されるとすぐに現場を見に行く。それが中井先生でした」

御影石で作られた高さ四メートル、幅三・八メートル、奥行き七〇センチの、巨大で幼子のような手の彫刻のタイトルは、「Hello and Good by」という。

第六章　いじめの政治学

中井久夫は戦時中、札《ふだ》つきのいじめられっ子だった。その原体験をふまえつつ、いじめの被害者の心理と集団力動について考察したのが、「いじめの政治学」[1]である。

初出は、一九九七年三月に弘文堂から刊行された『講座　差別の社会学』第四巻「共生の方へ」で、同じ年に中井のエッセイ集『アリアドネからの糸』[2]にも収録された。

『講座　差別の社会学』は、性や障害、病気や国籍などを理由に行われる差別といじめの実態をふまえ、その構造を読み解き、救済と癒やしを目指すことをテーマに編まれた四巻シリーズである。水俣病や釜ヶ崎の調査と支援活動で知られる政治社会学者の栗原彬が編者を務め、中井に執筆を頼んだ。

第四巻には中井のほか、インダストリアルデザイナーの川崎和男やアイヌ文化研究の計良光範、非農民研究で日本中世史に新たな視座を開いた網野善彦、サブカルチャー研究の吉見俊哉といった多彩な書き手が登場している。

中井がここで解明しようとしたのは、いじめがなぜ被害者が抜けられないワナのような構造を持ち、なぜ外部からは見えない透明性を帯びるのかについてだった。

いじめは人間の奴隷化であり、被害者は「孤立化」「無力化」「透明化」という三つのプロセスを経て追い詰められていく、と分析したいじめの三段階論は、統合失調症の寛解過程論がそうであったように、つかみどころのない対象に目鼻をつけたいと願う精神科医としての深い洞察眼と被害者への共感がにじみ出ており、発表後、とくに少年事件を扱う教育関係者や法曹関係者によく読まれた。

いじめ防止対策推進法が成立するきっかけとなった大津いじめ事件では、中井のいう「透明化」がクローズアップされた。二〇一一年十月十一日、当時中学二年の少年がいじめを苦に自死したことを受けて、大津市長のもと設立された第三者調査委員会は、関係者のヒアリングや調査をもとに、いじめが自殺の要因になったと結論づけ、二三〇ページを超える大部の報告書を発表した。

のちに、いじめ問題のモデルとして参照されるようになる優れた報告書であるが、文中、少年がいじめ行為をどのように受けとめていたかを述べる箇所で「いじめの政治学」が次のように引用されている。

この頃の当該クラスは学級規律の乱れと、Aに対するいじめが常態化しており、精神科医の中井久夫の言説を借りれば、「いじめの透明化」の段階にあり、「繁華街のホームレスが見えないように選択的非注意（selective in attention）という心理的メカニズムによっていじめが行われていても、それが自然の一部、風景の一部としか見えなくなる」（中井久夫『アリアドネからの糸』一九九七年）状況であった。したがって重篤ないじめが発生していても、当該クラスの荒れた状況のなかで、クラスからはいじめ行為を抑止する力は失われていたと判断できる。担任も、同様の状況の中に陥っており、（中略）Cにパンを食べられても、「もういいねん。あれは。」という態度を見せるようになっていった。ここにAの屈辱感、絶望感、無力感が見て取れる。

（「調査報告書」大津市立中学校におけるいじめに関する第三者調査委員会　平成二五年一月三一日）

亡くなった少年の遺族の推薦で第三者委員会の委員を務めた教育学者の尾木直樹は、「いじめの政治学」をやさしく編み直した『いじめのある世界に生きる君たちへ――いじめられっ子だった精神科医の贈る言葉』[3]の帯に、「この本は訴える。いじめが、いかに巧妙に人間を追い詰め、心を破壊していくのか。そして、いじめられている側には、何の問題もないことを。子どもたちと、子どもに関わるすべての方に、尾木ママ強くオススメします」と推薦文を寄せた。

折しも、川崎市の少年殺害事件（二〇一五）や、仙台市のいじめ自死事件（二〇一七）など少年に関わる事件が相次ぐなか、子ども版「いじめの政治学」は新聞の書評でも紹介されてベストセラーとなっている。

編集と構成に携わったふじもりたけしによれば、本書は中井の発案によって成立した企画だったという。先輩から「その論文を読むか読まないかでは、いじめへの対応がぜんぜん違ってくると思う」とのアドバイスを受けて論文を読み、多くを教えられたことから、自著に感想を添えて中井に送ったところ、「私の論文を子どもが読めるようにしたい」という希望を伝えられた。

近年はＳＮＳ（ソーシャルネットワーク）の普及によっていじめも巧妙かつ陰湿なものとなり、外からはますます見えなくなっている。ネット上のつながりによって、第三者はもちろん、被害者本人も孤立しているという感覚を持ちにくい。強制収容所なみの「出口なし」感は、ネット社会の到来でより深刻になり、被害者を覆う壁の透明度はさらに増している。

しかし、その壁は見ようと意識すれば見えない壁ではない。「いじめの政治学」は大人になるにつれて抜け落ちていった、自らの中にも眠る暴力性の記憶を読者に呼び起こした。

子どもは政治的存在であり、いじめの多くは学校の外に出れば立派な犯罪である。孤立化、無力化、透明化というキーワードを知っていれば、子どもが発するＳＯＳのシグナルを受け取る側の感度は高まるはずだ。

何をおいてもまず、子どもの「安全を確保」し、「孤立感を解消」し、「二度と孤立させないという責任ある保障の言葉」をかけ、それを「実行」せよ――というシンプルなメッセージは、時代を問わず有効ないじめ対策であり続けるだろう。

一九九七年春に神戸大学を定年退職するにあたり、中井は、同じ時期に大学院を卒業する教え子たちと「汗を流し雑巾がけした」三つの論文と、中井を筆頭筆者とする第一線最後の論文を執筆した[4]。

永安朋子を筆頭とする第一論文「精神分裂病の回復遷延例とその回復律速要因について」では、回復は直線的なものではなく、作用があれば反作用があること、改善が起きてもそれを打ち消そうとする反作用が起こることを明らかにした。この研究に取り組むまで、中井は「回復を直線的に考えていたことを告白する」と述べている。

高宜良を筆頭とする第二論文「強迫神経症患者の全生活の縦断的研究――特にその回復過程の顕在化をめぐって」では、強迫症の治癒過程を詳細に記録してグラフに表現し、これが「無際限に続く「千日手」のようなものでなく、三つの段階にわかれ、広義の「行動化」によって次の段階に移ること[5]」に着目した。行動化からの帰還の際に「なつかしそうに」迎えることの重要さを指摘する高に対し、「私が意識していないものであり、かりに意識していても、羞恥のために記せなかったであろう」と記している。[6]

中井を筆頭とする第三論文「長期経過における超短期挿間」は、一九九四年に福島で開催された「分裂病の精神病理と治療」ワークショップに発表、二年後に同名の論文集に掲載されたものである。

けいれん発作などで始まって、身体的違和感からさまざまな知覚変容などを経て慢性化へ至った経過を詳細に観察したおそらく初めての報告で、外来から姿を消して四日後、患者の自死という残念な結果となった症例である。

中井は、「この症例は良好な治療関係にもかかわらず、最終的には悲劇に終わった。例外状態と健常な状態とを突変的に往復している独自の苦悩を治療者は充分理解しておらず、木を見て山を見ずの状態であり、対症的治療のその都度の成功が治療者の眼を曇らせた嫌いもある」と自省の言葉を述べ、解題では「多くを私たちに教えて去った彼に哀悼の念を捧げて、この長い解題を終える」と結んでいる。[7]

高谷育男を筆頭とする第四論文「精神病院における沈殿現象とその動態――兵庫県一地域における定量的研究」は、青木病院時代に中井が同僚らと議論した「患者沈殿のダム・モデル」、すなわち、「わずか二、三パーセントがその年のうちに退院しないだけで、二十ないし三十年という短い期間に一病院のほとんど全員の患者が沈殿して、ある年に迎える新しい患者がわずか十パーセント程度になるという事実」[8]について、公衆衛生学の大学院で学ぶ高谷が教授の住野公昭のもと、兵庫県下の十七病院のデータをもとに検証したものである。

高谷はたびたび病院に足を運び、ときには古い倉庫にこもってカルテを確認した。結果は単純なダム・モデルとはならず、「社会変化、医療とその制度の変化を反映するダム・モデルを越える図式」が明らかになっていった。

病院を運営する人々が現在の座標的位置を知り軌道修正するための、中井曰く「沈殿指数」と並ぶ重要な指数がいくつも抽出されている。人口減少と超高齢化社会が到来した今、その予見性に驚かされる論文である。

一九九七年三月五日、中井は最終講義を行った。ウイルス研究から転向した自身が、混沌とした病であった「分裂病に目鼻をつける」ため、すなわち一般化するために個別研究を通じてモデルをつくろうとしたこと、その道のりを共に歩いた患者たちの絵やグラフを紹介しながら、「分裂病」の理解に大きな前進をもたらした三十年間の道のりを振り返った。

講義の最後には、自分は生物学的年齢によりもう「分裂病」の患者を診ることはできないだろうといい、西行の「吉野山去年《こぞ》の枝折《しを》りの道かへて　まだ見ぬ方《かた》の花をたづねむ」を紹介しながら、次のように講義を締めくくった。

私の不完全なモデルを、それぞれの立場で批判したり、引き継いだり、修正したり、伸ばしてくださったりしたら大変ありがたいと思います。[9]

道しるべとして枝折りしていた道ではなく、まだ通ったことのない道を行こう。それは中井自身を支え、鼓舞した歌でもあった。

神戸大学医学部第五講堂は学生や同僚や関係者で立ち見も出るほどで、一時間五〇分あまりの講義が終わると、会場に大きな拍手が鳴り響いた。

その後のわずかな期間で中井は外来患者を後進に引き継ぎ、三月末に神戸大学を退任した。四月からは定年後再雇用の特任教授待遇で、甲南大学文学部人間科学科および、文学部大学院社会学科に着任した。

国立大学を退官したことから、準備段階から担当理事の肩書きで携わっていた兵庫県精神保健協会こころのケアセンターの、正式な責任者にもなった。

兵庫県精神保健協会こころのケアセンターは、当時の兵庫県知事、貝原俊民《かいはらとしたみ》が新しく提案した

「阪神・淡路大震災復興基金」をもとに五年間限定（一九九五—二〇〇〇）で設立された機関で、日本で初めて組織的に整備された災害後精神保健システムだった。

主な役割は保健所の補完業務で、仮設住宅を対象に地域保健活動を担うマンパワーとして、精神科医や保健師、臨床心理士や大学院生などを採用し、各地の保健所と連携して被災者のケアや精神障害者の社会復帰支援にあたった。

「一九九六年一月・神戸」[10]は、『１９９５年１月・神戸』の刊行後に出たいくつかの書評で一年後に再報告してほしいという要請もあって書かれた文章である。初出の文章に十倍以上の追記を加えたレポートには、診療やセンターの活動を通して浮きぼりになった災害精神保健の重要なポイントが網羅されている。

初期に力を発揮したのは市民同士の助け合いだったこと。救援でありがたかったものは温かい食事と自衛隊の給水車と風呂だったこと。食べずに働けるのは三日、非常食でがんばれるのは二週間。高齢者の肺炎や、アルコール依存症、孤独死（孤立死）、外国人とのコミュニケーション、救援者の燃え尽きに注意を払う必要があること。

時間が経つにつれて人々の暮らしや行動の差が拡大する「ハサミ状較差」という言葉が使われたのもこのときである。そして、最大の発見となったのが、ＰＴＳＤ（心的外傷後ストレス障害）だった。

もっとも、ＰＴＳＤと同様の症状は十九世紀イギリスの産業革命の頃から確認されている。アメリカでは戦争帰還兵や性的虐待を受けた人々のトラウマ、大災害がもたらす精神的後遺症とメンタルケアの重要性についてさまざまな研究が行われてきた。

一九八〇年には、アメリカ精神医学会が定めた診断基準ＤＳＭ－Ⅲに初めてＰＴＳＤが記載されている。原因は問わず、症状によって見分ける診断マニュアルであるＤＳＭ－Ⅲに唯一、「通常の範囲を超えた生活体験」という条件がついたのがＰＴＳＤだった。

日本でも一九八八年に、ビヴァリー・ラファエルの『災害の襲うとき――カタストロフィの精神医学』が刊行されたのは慧眼といえるが、阪神・淡路大震災が起こるまでは、医療関係者にさえＰＴＳＤはほとんど見えていなかったといっていいだろう。

こころのケアセンターからは、阪神・淡路大震災のちょうど一年前に発生したロサンゼルスのノースリッジ地震の災害後対応を調査するための調査団が派遣された。その一員だった現・兵庫県こころのケアセンター長、加藤寛によって持ち帰られた資料のうちの一冊が、中井が翻訳することになるジュディス・Ｌ・ハーマンの『心的外傷と回復』[11]だった。

中井は若い医師のようにフットワーク軽くアウトリーチ活動に従事できないことから、勉強も兼ねて連日翻訳に取り組んだ。バスを待つ間も、通勤電車の中でも立ったまま翻訳し、日に二十ページ訳した日もあったという。

この作業は中井自身を追い詰めた。そうでなくとも、震災後、神戸大学の精神科医たちは大量のＰＴＳＤに直面していたため心的外傷には敏感になっていたが、中井は翻訳の過程でいっそう鋭敏になった。

戦争帰還兵や児童虐待、監禁、近親相姦といった過酷な事例を扱うハーマンの著書が、記憶のフラッシュバックが癒えるかどうかという微妙な段階にあった中井に影響を与えなかったはずがない。

少年時代のいじめられ体験がよみがえったことについては「いじめの政治学」にある通りだが、精神科医としての仕事にも変化が現れた。どんな症状も外傷に見えてしまうため、集中的なケアを必要とする治療を休まざるをえなかった。激しい目まいと眼球振盪との長時間発作を二度経験した。

悪いことばかりだったわけではない。患者が訴えるフラッシュバックの中に聴覚性のものがあることに気がついた。震災が起きたのはまだ薄暗い時刻だったのだから、一般によく研究されている視覚性のフラッシュバックだけでなく、音や振動に過剰反応してしまう聴覚性フラッシュバックが生じるのは不思議ではない。

幻聴を訴えて統合失調症と診断された患者の中で薬が効かない症例を改めて検証し直してみると、該当する症例がいくつか見つかった。拷問に近い虐待を受け、それを口外せぬよう脅迫されていたある患者は、精神科医に統合失調症と診断されて十年以上も薬物治療を続けていた。

その幻聴は、ほとんど加工されていないなまなましさがあって、たとえば殴打した教師の憎々しい肉声という質が保存されていた。それは侵入的であり、一日数回、望みもしないのに聞こえてきた。夢の中でも響いていた。その時には殴打する瞬間の顔もみえた。声も顔も、記憶の控えの間にいつもいるようで、出そうと思えばいつでも出てきた。[12]

統合失調症だけでなく、境界性パーソナリティ障害や不安障害、解離性障害、アルコール依存症などの患者にも、心的外傷が関係するケースがあるように思われた。中井が災害の精神的後遺症を診察しながら困惑した診断基準の混乱は、世界的な議論にもなっているが、二〇一三年に改訂されたDSM-5でも明確になっていない。

それほどにPTSDが提起する問題は精神医学界に影響を与えているという証左であり、レイプや犯罪被害者のケアに長年携わってきた精神科医の小西聖子は、「(PTSDは) 既存の精神医学の体系に大幅な変更を加える起爆剤になるかもしれない」[13]と予測している。

中井はPTSDを診断する際の症状項目である侵入症候群、すなわち、トラウマとなった出来事の記憶が意に反してよみがえったり、悪夢として反復されたりする症状がそもそも何であるのかという疑問を解き明かそうとしていた。たどり着いた一つの仮説が「記憶について」と「詩を訳すまで」という論考に記されている。

中井はまず、記憶をフラッシュバック記憶（f記憶）とパーソナル記憶（p記憶）に分けた。f記憶とは、「元来は病的なものでなく、「古型の記憶」すなわち二歳半以前の記憶と基本的に同じ[14]」おそらく人以前に遡る記憶で、「狩猟時代以前、人間がもっぱら狩られる存在であった時には有用性を持っていたであろう[15]」。f記憶があるからこそ、再び同じ危険に遭遇する危険を回避でき、「過去にあってはこういう記銘力を持った者の生存率はそうでない者に比し高かったであろう[16]」。

一方、p記憶は二歳半から三歳にかけて起こる〝言語爆発〟によって成人文法性が成立してから始まる「新型の記憶[17]」であり、これによって人は記憶と人格の連続性を保てるようになる。成人文法性が成立する前のf記憶は、「黒板を拭き清めるようにわれわれの意識から遠ざけられ「メタ私」の一番奥にしまわれる」が、「いざという時にはまた働きはじめる。つまり危機用の記憶なのである[18]」。意図せずして症状が現れるのは、それが生存に関わる記憶のパンドラの箱を開けるほどの衝撃だったためである。

統合失調症はなぜ存在するかについて徹底的に考え抜いた『分裂病と人類』を想起する読者は

多いだろう。中井はここで、統合失調症になりやすい人をＳ親和者と呼び、彼らの微細な兆候を読む能力が狩猟時代には生存戦略として有用だったが、農耕社会の到来で有用性が下がり、狂気とみなされ、近代化と共に病や障害として分類管理されるようになったと説いた。

人間にとって必要不可欠な機能の失調が、現代では精神疾患と呼ばれるものであり、誰でも病になり得るのであって、たまたまなんらかの幸運によって免れているだけだという中井の疾病観は、ＰＴＳＤの考察においてもぶれることはなかった。

臨床医として最後の二年間、中井はそれまで予想さえしなかった精神医学的課題に没入することとなった。「地震に指名されてしまった[19]」からには、逃げることは許されなかった。ただそれは、中井の人生における最終課題の序章にすぎなかった。

第七章　災害とトラウマ

一九九七年三月に神戸大学を退官した中井久夫は、同年四月、カウンセリングセンターが新設されたばかりの甲南大学文学部人間学科に特任教授として招かれた。終戦後初の尋常科新入生として六年間を過ごし、文学の素地を形成した六甲南麓の学び舎、甲南学園への、約半世紀ぶりの帰還となった。

カウンセリングセンターは、学生相談室と地域の人々の相談に応じる一般外来のために使用していた民家が阪神・淡路大震災で全壊したことから、民間の寄付と政府の復興基金によって再建されたカウンセリング専門施設である。

片仮名のロの字型の建物に中庭と池があり、浅く張られた水の中に大きなオブジェが設置されている。上階から見下ろすと、ジョルジュ・バタイユ『宗教の理論』の一節、「ちょうど水の中に水があるように」と点字で書かれていることがわかる仕掛けだ。

最寄り駅は、神戸市東灘区に位置する阪急神戸線岡本駅とＪＲ摂津本山駅で、震災ではとくに建物の倒壊によって多くの犠牲者を生んだ地域だった。中井のゼミには、臨床心理士養成コースの学生や、中井の指導を請うて各地の病院から社会人入学した学生などが集まった。

一九九〇年代後半から二〇〇〇年始めにかけて、カウンセリングセンターに寄せられる相談には、統合失調症や双極性障害といった明らかに精神医学的な診断がつく症例は減り、漠然と不調を訴えて自分が何に苦しんでいるのかを言葉で表現できない曖昧なケースが増えていた。

対人関係がうまくいかず、いきなり行動化する。リストカットや過食嘔吐、ひきこもりなどの言葉がメディアでも採り上げられるようになり、特別支援を必要とする発達障害やその傾向をもつ人々が増えつつあった。中井がクライエントのカウンセリングを直接受け持つことはなかったが、臨床心理士らから情報を得て、相談があれば意見を述べた。

中井の隣室にいた学生相談室専任カウンセラー、高石恭子・甲南大学教授は回想する。

「医局のようにそばに秘書や同僚がいるわけではないので、お一人の時間を持て余されるのでしょうか、ときどき扉をコンコンと叩いて、本を差し上げます、といって入ってこられることがありました。相談室でお茶を飲みながらお話をされることもあって、そんなときはいつも最後は戦争のこと、ときに親族や患者が戦地で受けた拷問の話になりました」

明治生まれの二人の祖父や父のこと、川崎重工造船部長だった大叔父のことなどが語られたようである。

二〇〇〇年三月末日、阪神・淡路大震災復興基金によって五年間の期間限定で設立された日本初の精神保健システムである「兵庫県精神保健協会こころのケアセンター」が解散、被災者支援活動を終了した。

中井は臨床からほぼ引退したものの、震災を機に関心の高まったトラウマとその治療については、引き続き意見を求められることが多く、その後も中井のもっとも重要な課題であり続けた。というのも、二十世紀末から二十一世紀が明けてしばらく、心のケアを必要とする問題が立て続けに発生したためである。

台湾大地震（一九九九年九月）、えひめ丸沈没事故（二〇〇一年二月）、大阪教育大学附属池田小学校の児童殺傷事件（同年六月）などの災害や事故・事件に、こころのケアセンターのメンバーだった医師や保健師らボランティアが派遣されたことから、彼らの後方支援としての想いもあったのだろう。ＰＴＳＤの知見を深めるための文献、ジュディス・ハーマンの『心的外傷と回復』やアラン・ヤングの『ＰＴＳＤの医療人類学』[1]などの翻訳がこの時期の中井の仕事である。

もう一つ、重要なのが、精神医学史家で犯罪精神医学者のアンリ・フレデリック・エランベルジェ（一九〇五―一九九三）の主要論文を収録した、『エランベルジェ著作集』全三巻[2]の編訳だ。

エランベルジェは、力動精神医学はもちろん、現代精神医学の草創期を築いた大家と同時代を生きた最後の世代である。

名古屋市立大医学部精神科時代に木村敏教授のもとで取り組んだ精神医学の通史『無意識の発見』[3]の翻訳を通して、中井はその「ありきたりの西欧を越える視点」[4]に感銘を受け、エランベルジェを、歴史学の緻密な方法を精神医学史に最初に導入した「「過去を荷ない、未来をはらむ」人、精神医学史の双面神ヤヌスというべきであろうか」[5]と評している。

エランベルジェとは、一九七九年に富士裾野市にある帝人研修所で一週間、起居を共にしたことで親しくなった。著作集の編訳の機会を得てさらに読み進めるにつれ、歴史への関心の出発点が自分と大いに重なることを知り、翻訳の用事を口実に晩年には押しかけ弟子入りのごとく質問攻めにしたという。

「いろいろずきん考」[6]は、エランベルジェが孫たちのあどけない問いに答えてつくった童話「いろいろずきん」を読み解いた論考で、『エランベルジェ著作集2』に収められたものである。童話はいかようにも読むことができるものであることを承知の上で中井が提示したのは、自分以外の人にも心がある、という小さな発見に始まる子どもの自立と成長の物語であり、同時に、子どもによる「大人の発見」の物語でもあるという視点だった。

子どもから大人まで年齢を問わず誰にでも読めるよう中井が編み直し、挿絵を添えた絵本『いろいろずきん』[7]も同時刊行された。色鉛筆とクレヨン、水彩絵の具で描いた帽子や動物や花がほとんどすべてのページにあって、絵を眺めているだけで心が和む。

中井にとって、駆け出しの東大分院時代に翻訳を通して出会い、関与的観察の大切さを学んだハリー・スタック・サリヴァンが直系の師とすれば、フロイト派にもユング派にも属さず宗教的には不可知論者で、訓練を受けた歴史家でもないのに国境や時間を超えた俯瞰的な視野で長大な精神医学史を書き上げたエランベルジェは、傍系の師といえようか。

エランベルジェがもし生きていたなら、童話の日本語版を「もっとも喜んだかもしれず、それへの私の挿絵に、もっとも快活に笑ってくれたにちがいないという気がする」[8]と述べている。

甲南大学で教鞭をとっていたこの時期、中井に求められる原稿の多くは阪神・淡路大震災に関するものだった。「災害と日本人」[9]は、一九九七年十月に神戸で開催された国際シンポジウム「災害とトラウマ――長期的影響とケアの方向性」を骨子として編まれた『災害とトラウマ』[10]に収録されたものである。

シンポジウムには、こころのケアセンターの加藤寛や岩井圭司、地下鉄サリン事件の被害者のケアにあたった九段クリニックの中野幹三、犯罪被害者とくに性暴力の被害者の治療にあたってきた小西聖子・武蔵野女子大教授、国外からは、外傷体験の生物学的影響を調査するカリフォルニア大学ロサンゼルス校生物行動科学研究室のロバート・パイヌースや、『心的外傷と回復』の著者であるハーバード大学精神科のジュディス・ハーマンらが参加した。[11]

ＰＴＳＤの概念は一九七〇年代、ベトナム戦争帰還兵とレイプ被害者によって生まれ、洗練されてきたが、日本で表面化したきっかけが阪神・淡路大震災と、その二か月後に発生した地下鉄サリン事件であった。心の傷は一人耐えしのぶものという〝日本人の美徳〟という軛《くびき》を脱する転換点となった。

中井はここで、伊勢湾台風（一九五九）で大きな被害を受けた中部地方からの義援金が際立っていたことを報告しているが、東日本大震災における台湾からの巨額支援や、熊本地震への東北からの支援を思うとき、それらは心の傷という連帯感の働きであったのだと気づかされる。

戦後七十年以上経ってようやく、太平洋戦争における日本兵のトラウマ[12]や沖縄戦を経験した高齢者の心の傷に光を当てた調査研究[13]も発表されるようになった。

震災後に急速に進んだＰＴＳＤ研究と心の傷への社会的な理解の高まりを前提に、改めてこの国の戦争トラウマを省みれば、軍用機が頭上を飛び回り、墜落事故や暴行事件の頻発する沖縄にあって、人々が何に苦しんでいるのか想像力をたくましくする必要があるだろう。

一方、中井は『第一回被害者支援研修会』（二〇〇〇）で発表した「トラウマとその治療経験」でいい添える。

「被害者の側に立つこと、被害者との同一視は、私たちの荷を軽くしてくれ、私たちの加害者的側面を一時忘れさせ、私たちを正義の側に立たせてくれる。それは、たとえば、過去の戦争における加害者としての日本の人間であるという事実の忘却」であり、「表面的な、利用されやすい庶民的正義感のはけ口に終わるおそれがある」[14]。「なさざるの悪を今も犯していないか」[15]という問いかけは、激しく移り変わる現代の世界情勢を前に、今いっそう重く響いている。

中井は、自分が裁判に関わった事件について公的な場で言及したことはほとんどない。その意味で、日記鑑定に携わった事件を含む「高学歴初犯の二例」[16]は、中井の犯罪精神医学への姿勢と透徹した人間観が表れた重要な論考だ。

両者に通底するのは、事件はモンスターの仕業ではなく、誰もが起こしうる行為だという視点である。

「長い間、私には犯罪精神医学に対して違和感があった。それは「自分は犯罪者とは別人種」という高みに立つ嫌らしさである。「ひょっとすると自分もやったかもしれない」という、人間性の危うさを共有する視点への変換が必要なのだ」[17]

すでに事件の関係者によって公にされているためここに付記すれば、甲南大学に移った一九九七年の夏、中井は神戸市須磨区で発生した児童連続殺傷事件の犯人の精神鑑定を依頼され、予定をあらかたキャンセルして、もう一人の医師と二か月に及ぶ鑑定を引き受けた。

犯人が十四歳の少年だったことと、その残虐な手口、犯行声明にみられる不可解な世界観から事件は大きく報道され、社会現象にもなった。中井はその、渦中の人であった。

鑑定を書くに当たって、コピーが流出することがないようメモや下書きは一切作らず、すべて頭に叩き込み、家庭裁判所が公用車で取りに来る四時間前からワープロに打ち始め、万一流出した場合は出どころがわかるように、鑑定書では通常は使用しない漢字を目印として用いた。

情報は、裁判所に鑑定書を渡した翌日から漏れ始めた。情報をキャッチしたマスコミが中井の自宅にも押しかけ、一時はメディアスクラム状態となった。鑑定書を入手したといってコメントを求めるメディアもあった。

まもなく、目印の文字を使った鑑定書を利用したノンフィクションが出版された。のちに、月刊誌に家裁決定文全文を提供した裁判官が被害者遺族から抗議を受け、守秘義務に反したとして懲戒処分を受けている。

この間、中井は、「鑑定する人間は秘密を守らないといけない」と筆者に語り、後年になって少年自身が手記を出版したときも、複数のメディアからコメントを求められたがいずれも断っている。

だがこの事件の経緯をふまえて中井の文章を読むと、婉曲的ではあるが真意に近い記述がいくつも見つかる。先に引用した「ひょっとすると自分もやったかもしれない」という一文も、次の文章も、その一つであろう。

同じような犯罪はかつてもあった。災害も。しかし、一度も今のように行為者の「心」も被害者あるいはその家族の「心」も問題にされなかった。それは少しずつ変わってきた。
　これは、私たちの社会の一定の成熟であると認め、人の心の痛みがわかる世代がようやく社会を担う位置についたと考えてはよくないか。（中略）
　では、私たちの十歳代の少年犯罪に対する不安は何だろうか。今の十歳代の殺人はおどろおどろしいものの氷山の一角ではないか。たとえば日本は世界最大の児童ポルノ・ビデオ輸出国として世界の指弾を浴びている。少なくともそれだけ被虐待児があるということだ。そして今の犯罪大国米国は、児童の虐待と無視、家庭崩壊、貧困が作った（パトナム『解離』一九九七年）。こういうものは私たちの周囲にすでにある。とすれば問題は成人に差し戻される。不安は私たちの今の生き方ゆえの不安なのではないか。[18]

パトナムの条件をなんなくクリアしてしまった現代の日本であるが、幸いにして犯罪大国とはならず、踏みとどまっていることをどう見るべきか。東日本大震災後、心のケアの専門家のあいだで「レジリエンシー」という、自然治癒力・復元力・反発力を意味する言葉が盛んに語られるようになったが、これがトラウマを克服するための重要なキーワードであり、自然治癒力の科学的解明に向かう新しい徴候であることは、中井がすでに「医学・精神医学・精神療法は科学か[19]」で指摘している通りである。

六十代も半ばを過ぎ、中井のまわりでは、引退する人や世を去る人も、その数を増してきた。なかでも神戸大の教え子であった安克昌の夭折は、中井と同僚たちに深い悲しみをもたらした。安は、幼児虐待などの心的外傷に起因する多重人格性障害（解離性障害）の治療と研究に、専門家さえその存在に懐疑的であった九〇年代の始めから取り組んでいた。震災のときに精神科ボランティアのコーディネイターとしての重責を担えたのも、その経験があったからこそだった。サントリー学芸賞を受賞した『心の傷を癒すということ』の連載時の担当だった産経新聞の河村直哉によれば、「アルコールも控えめな安医師が肝細胞がんに倒れたのは、過労によるところが大きいと言わざるを得まい[20]」という。

解離性障害は治療がむずかしく、セオリーなく患者と向き合えば医師が燃え尽きる危険性もある。診察後に二人で談笑したり、相談があれば応じたりはあったものの、その治療努力について、中井はほとんど知らないままだった。安が、解離をテーマに大学を超えて意見交換を行うメーリングリストを主宰していたことも、研修医想いの良き指導者だったことも、逝去後に知らされた。

生前に刊行が間に合った中井との共訳書、フランク・W・パトナムの『多重人格性障害[21]』が、解離性障害の古典として読み継がれていることがせめてもの供養であろうか。

「ふだん、きみの貴重な家族との時間の多くを奪ったのは私だった[22]」から続く弔辞の自責の言葉は、子を撃たれた親鳥が流す血の涙のようである。

半年後、中井は安との約束どおり、パトナムの『解離――若年期における病理と治療[23]』を翻訳、出版した。扉には、安への献辞が添えられている。

第八章　有機の人

兵庫県の南東部に位置し、空港のある場所として知られる伊丹市は、江戸時代、京から西方へ向かう西国街道の宿場町として賑わい栄えた商人の町だった。

市の北部にある鴻池は日本の清酒発祥の地として知られ、領主近衛家の庇護のもと、伊丹酒は将軍の御膳酒に用いられるほどの高級品として名を馳せた。当時、伊丹樽は南北に流れる猪名川に架かる軍行橋のあたりから船積みされ、尼崎から江戸に運ばれたという。

はるか昔には現在のＪＲ伊丹駅付近まで海だったことから、昭和十二年に宝塚市小林《おばやし》から伊丹市鈴原町に移り住んだ中井は、幼い頃、土を掘ると化石になった貝がよく出てきたと回想している。

京都大学入学後まもなく結核を患い、宇治分校の学生診療所に通っていた頃に知り合った村澤貞夫が晩年を過ごしたのも、この伊丹である。村澤とその妻の喜代子は、中井が生涯もっとも心を許し、親しく付き合ってきた夫婦だった。

三人の蜜月といえるのが、弔辞「村澤貞夫を送る」[1]にも書かれた、村澤の新婚時代である。中井は二人の結婚式の一週間後にいきなり夫婦が住む東京東中野の石原産業の社宅に泊まり込み、翌週からは毎週土曜の夕方になると下着をいっぱい入れたボストンバッグをもって訪れた。

一緒に夕飯を食べ、議論をする。村澤がトイレに立つと、カルガモの子どものように追いかけていってトイレの扉の前でもしゃべり続けた。同居している村澤の母が少し迷惑そうな顔をしていたが、お構いなしだった。

翌日の夕方になってみんなで外出し、今度は中井がご馳走した。喜代子は、築地の寿司屋で食べた厚焼き卵とほんの少しのごはんを海苔で巻いた大鵬巻や、目黒にあるとんかつ屋のカウンターに置かれていた山盛りのキャベツの千切りに感動した。三人で多摩動物公園に出かけたこともあった。

村澤家には、喜代子の兄、杉山恵一も時折やってきた。杉山は昆虫寄生菌類や地衣類を専門とする生物学者で、のちに生態系を守るビオトープ運動の展開と普及に務めることになる人物だ。

二人はたびたび中井のエッセイに登場する。少し時系列を変えてあるが、「精神科医がものを書くとき」に、「世界をできるだけ単純な公式に還元しよう」と考える理論物理学者の「火星人」として登場するのが村澤で、「世界の多様性に喜びを見出す」博物学に秀でた「金星人」が杉山である。[2]

『日本の医者』に続き『あなたはどこまで正常か』を出版したため、東京大学伝染病研究所を破門され、眼科のアルバイトで糊口を凌いでいた「公私ともに私の人生でもっとも暗い時代[3]」、東大批判は議論の格好のネタとなった。村澤家の出である会津と薩長の確執や、戦争論、文学論まで話題は尽きなかった。

喜代子によれば、「中井先生は有機の人、お父ちゃん（貞夫）は無機の人だった」という。「お父ちゃんは理屈で割り切り、感情を殺す。先生は感情を垂れ流す。でも二人ともやさしい。お父ちゃんは心に産毛ではなく、剛毛が生えている人だったけど、やさしかった」。

中井にはむしろ、兄の杉山に似たものを感じた。生物やクライエントの言葉はわかるが、俗世間の言葉にうまくなじめないところ、知識武装しなければならないほど繊細なところ、等々。「三人が私に求めるものが同じだったの。母性？　全面的に自分をさらけ出せる相手？　それぞれが大変な人たちでしたから」

蜜月は半年後の秋、村澤の四日市工場転勤によって終止符を打つ。中井は精神科医の道へ進み、村澤は四日市での工場勤務を終えると大阪に転勤し、光触媒の実用化とそれによる大規模な大気・水質浄化装置の開発に勤しんだ。

祖父が興した化学産業が原因で四日市ぜんそくが発生し、大きな社会問題を引き起こした。負の遺産を背負い、企業内研究者として生涯を捧げた村澤は晩年、息子たちに「おれの宿題は終わった」と告げたという。

中井と村澤は、ほぼ時を同じくしてがんを患った。村澤の容態がはるかによくないと悟ると、中井は、村澤が亡くなるひと月前からほぼ毎日のように伊丹の病院に見舞った。大学時代に結核を患って親しくなり、「TB（テーベー）三人組」と呼び合ったもう一人の親友、吉田忠が一緒の日もあった。

話題はなかなか尽きなかった。あの頃と同じように、ずっとそばにいて話をした。「中井、もう帰ってくれ」と、村澤にいわれるまで。


二〇〇二年六月、中井はその年の初めに任意団体として発足したNPO法人（現・公益社団法人）ひょうご被害者支援センターの理事長となり、二〇〇四年三月に甲南大学を退官すると同時に、兵庫県こころのケアセンターの初代所長に就任した。

阪神・淡路大震災後の被災者や被害者のトラウマと、それによって引き起こされるPTSDなどに対する心理的支援としての「心のケア」活動の取り組みを受け継ぎ、人材の育成や調査研究、情報発信を主たる目的として設立された全国初の拠点である。

プライベートではこの頃になると友人知人、親戚が倒れ、中井自身も前立腺がんの手術や、胃のポリープの摘出手術を受け、心身ともに問題を抱えながらの日々を送っていた。

当時執筆された心的外傷についての試論は、主に甲南大学臨床心理学専攻の学生やその関係者に向けて発表されたもので、こころのケアセンターの活動を通して深められたものである。とくに重要なのは、「統合失調症とトラウマ」[4]にあるように、統合失調症と診断されて何十年も入院している人の中に、外傷性障害やアスペルガー障害の人たちが少なくないこと、つまり「誤診」が明らかになったことである。

一九八〇年、アメリカで、原因を問わない操作診断基準ＤＳＭ－Ⅲが登場し、その唯一の例外としてＰＴＳＤを規定したことを機に判明した問題で、中井自身も同様のケースをいくつか経験していた。

医療者がトラウマティックな症状に対する十分な知識をもっていなかったことによるものだが、たいていの患者は統合失調症と診断されたら自分は違うと否定するのに対して、外傷性の患者がその原因となった屈辱的な体験を話すことなく平然と間違った診断を受け入れ、（あまり効かない）薬を飲んでいたことは、精神医学界において「衝撃的な発見」[5]であった。

ＰＴＳＤは日本では、一九九五年の阪神・淡路大震災を契機に注目されるようになり、医療関係者の認識もこれ以降深まっていく。中井とその弟子たちによって、ジュディス・Ｌ・ハーマンの『心的外傷と回復』や、アラン・ヤングの『ＰＴＳＤの医療人類学』、故・安克昌の遺志を受け継いだフランク・W・パトナムの『解離──若年期における病理と治療』、エイブラム・カーディナーの『戦争ストレスと神経症』[6]といった関連書が次々と翻訳出版された。

当時、PTSDについて書かれた文章は、それら先行研究を参照した上での論考であるが、彼らの受け売りではなく、中井の『分裂病と人類』以来の記憶と外傷についての考察や、サリヴァンの関与的観察、シュヴィング的看護をふまえた臨床経験、ウイルス研究に端を発する科学的視座にもとづく統合失調症の寛解過程論、歴史家の視点で精神医学史を俯瞰・考察したエランベルジェの大局観、さらには、中井が経験した大学病院における組織運営や教育の経験が、通奏低音として流れているのを感じることができるだろう。

この間のもう一つの大きな出来事が、二〇〇二年に行われた「分裂病」から「統合失調症」への名称変更で、これを考察した論考が、「「統合失調症」についての個人的コメント」[7]である。

ここで中井は、分裂病という病名が患者や家族に絶望を与えるのに対して、統合失調症は「回復可能性を示唆し、希望を与えるだけでなく、「目標」を示すもの」であり、幻覚や妄想をなくそうと強いるより、「「知情意のまとまりを取り戻してゆこう」という目標設定に対して、患者ははるかに能動的となりうる」と、この変更を肯定的に評価した。

「精神の統合は、もっとしなやかで、矛盾を包み、「こころの放牧」をも許すものである」という一節は、人間を自然の一部とみなし、「生命をさまざまな「流れ」が絡みあったりほつれたりしていくプロセス」[8]と捉える、中井独自の生命観・疾病観を映し出している。

さらにもうひとつ、この時期の中井にとって重要な課題となったのが、犯罪や事故の被害者やその遺族に対する精神的な支援である。兵庫県警のバックアップのもと設立された「ひょうご被害者支援センター」には、精神科医や臨床心理士、弁護士らが参加したほか、全国で初めて犯罪被害者の遺族が役員に就任した。

日本の犯罪被害者支援は当時、欧米に三十年遅れているといわれ、法廷では被害者の遺族が直接意見を述べることや遺影を持ち込むことさえ認められていなかった。センターでは彼らに対する法的・心理的・社会的な直接的支援や、電話相談員の養成を行うようになった。

犯罪被害者とその遺族の自助グループ「六甲友の会」（世話人・高松由美子、土師守）は、センターを拠点に研修会や親睦会を開催し、被害者の裁判の付き添いや講演活動を続けている。

中井は被害者遺族たちとの会合に出て、その痛々しい傷跡に身近に接することもあった。発足一年目の「ニュースレター」[9]に次のように記している。

被害は本質的に不条理なものです。そして被害者の家族も親友も不条理な被害者です。ある犯罪被害者の親御さんが、一枚の紙を掲げて、これをくしゃくしゃに丸めてから広げなおして、この紙のように心は決してもとに戻ることはありませんと言われました。強烈な迫力がありました。確かに、核心には取り返しがつかないことがあります。

しかし、被害者側の人たちの孤立無援感を軽くすることなど、できることがあります。ひとごとではなく「明日はわが身」だという気持ちが私たちにはあるはずです。

人災の場合、国法は加害者のほうに手厚いという声があります。なるほど、「容疑者は刑が確定するまでは推定無罪」でしょう。たしかに、裁判の「適切な手続き」は人類社会の知恵の結晶です。また、「犯罪は国家に対して犯される」といわれるのは、法治国家である限りはそのとおりでしょう。

しかし、それは楯の一面です。被害者が個人的な復讐をやめて、ことを国家社会にあずけたところに法治国家が成立したのです。国家・社会は被害者に報いるところがなくてはなりません。犯罪被害者等給付金を手始めに、治安当局の被害者側への顧慮も次第に増大し、最近の判決文は多く被害者感情に触れていますが、今後なお、被害者をもっと「蚊帳の中に入れ」、他方、報道被害を含めて、それに対して人としての権利を守る必要があるでしょう。

しかし、社会の側からの応援、援助、支持があってはじめて、被害者側が立ち直る力が出るはずです。犯罪の風圧が次第に強く感じられる今、この思いは特に切実なものがあります。

中井は自身を、「私は犯罪学、とくに精神鑑定に調律された精神科医ではなかった[10]」と述べている。ＰＴＳＤに関して、鑑定と治療は別の精神科医が行うべきだという議論は国内外にあるが、「両者の眼差しは私の器量では共存しがたい」と感じていた。

精神鑑定は治療が目的ではない。被鑑定者に対して治療的とはいえない不意の質問を発して反応を見ることもある。被鑑定者にとっては長く続く取調べのうちの一つにも感じられる面接だ。

一方、厳罰が想定される場合には、鑑定者は救いの神と認識されやすい。援助者にも理解者にもなってはいけないという鑑定者の立場は、「だれも病人でありうる。たまたま何かの恵みによっていまは病気でないのだ[11]」と考える中井にとり、自身のあり方に大きな枠をはめられることに等しかった。

そうした思いから書かれた文章が、「「踏み越え」について[12]」であり、「私は私の制限を迂回するために「自分も犯しうるものとしての犯罪」から考え直し、法の枠という、科学の埒外にある線引きをいったん取り払って「踏み越え」という行動論的一般化を試みた[13]」と述べている。

明確な言語化やイメージ化を経由せずに、いきなり思考や情動を実行に移す「踏み越え」の最たるものとして論じられるのが、戦争と殺人である。折しもイラク戦争が開戦し、戦争は従来のような国際法にのっとった正規軍同士の戦いとは異なり、宗派や部族の対立やテロと対テロ戦争といった、複雑かつ終わり方のよくわからない新たな戦争の世紀へと突入していた。

中井は戦争の直前に起こる、始まるのか始まらないのかはっきりしない蛇の生殺し状態に似た重圧感をローマ神話の軍神の名から「マルス感覚」[14]と呼び、もういっそ始まってくれという無力感こそ戦争推進者が待ち構えているものであり、「戦争へと「踏み越える」際の「引き返し不能点」は政治的よりも心理的に決定される」[15]のではないかと考察している。

裏を返せばそれは、私たちが「マルス感覚」に自覚的である限り、「心理的引き返し不能点」を遠ざける努力をしたり、不測の事態に備えたりすることが可能ということである。

中井が「精神的な師匠の一人」[16]と慕うエランベルジェの「個々の戦争犯罪でなく戦争そのものを犯罪学の対象としなければならない」[17]という遺言をふまえれば、人はなぜ踏み越えるのか、さらには、人はなぜ踏みとどまるのかを多角的に研究し、「目鼻をつける」ことが、戦争や犯罪への抑止力になることを示唆している。

「マルス感覚」とは、中井が統合失調症の寛解過程論において見出した「臨界期」のような、転換点に相当するものだろうか。一九九〇年に書かれた「世界における索引と徴候」において中井は、記憶が構成されるプロセスを「予感―徴候―余韻―索引」という四つから成る組概念で表現した。

過去の戦争の記憶を呼び覚ます「マルス感覚」を「索引」とするなら、「マルス感覚」を知る人、すなわち、戦争を実際に体験した人がこの世からいなくなるとき、私たちは「マルス感覚」

を「索引」として記憶のページを開くことが困難となり、「戦争という観念の中からその悲惨さが遠の」[18]き、平和のほころびを「予感」したり、戦争の「徴候」を察知したりすることがむずかしくなるのだろう。「人類の歴史は戦争の実態を忘れる歴史でもあった」[19]とは、そういうことなのだ。

では踏みとどまるためにどうすればよいのか。私たちはもっぱら「自己コントロール」の必要性を説いてきたが、それでは足りないと中井はいう。

「おそらく、それを包むゆとり、情緒的なゆるめ感、そして自分は独りではないという感覚、近くは信頼できる友情、広くは価値的なもの、個を越えた良性の権威へのつながりの感覚が必要であろう。これを可能にするものを、私たちは文化と呼ぶのではあるまいか」[20]

自己決定や自己制御のみに集中する現在の行き方には限界があるという中井の指摘は、情報の入手が容易になり、自己主張ばかりで互いに聞き合うことが不得手になった現代の私たちには、十二分すぎるほど響く。

この世界への基本的な信頼を奪い、つながりを断ち切るのが犯罪であり、戦争である。人と人を緩やかに結び、いまや世界規模のインフラとなりつつあるＳＮＳを希望の一助とできるかどうかは、私たちの手にかかっている。

第九章　地水火風になって

中井久夫にとって、絵は対話の補助線である。患者との間で行われる絵画療法や、大学などで行われる講義や学会だけではない。

阪神・淡路大震災が起きたときは、全国から駆けつけたボランティアの医師や看護師らに、箱庭と地図を用いて神戸の地理を頭に叩き込んでもらうようにした。

編集者や取材者に対しても、絵で説明することがあった。とくに幼少期の暮らしぶりを説明するときに描くスケッチは微細で、その記憶の鮮明さに何度も驚かされた。

A４封筒を解体した裏面に描いた地図が筆者の手元にある。幼少期から独立するまで過ごした自宅を中心に伊丹の町を説明するときに描かれたもので、中井宅から始まり、中井宅を囲む「山中サン」「前田サン」「勝山サン」といった近隣の住宅が二十軒以上、子どもの頃に「私ガ一度ハマッタコエツボ」や「昭15ニ祖父ガ草ヲクワデホリ取ッタ踏ミナラシ道」といった注釈が次々と書き込まれ、地図は筆者の目の前でだんだん大きくなっていった。

書くスペースがなくなると一部を拡大して別紙で説明することもあり、さらに注釈が伸びた。たとえば、自宅前の植え込みの先にあった川「あ」にはこんな注が入った。


「あ」にはメダカがいつも集まり、時にモロコやフナがトレタ．メダカはザルにヒモをつけた手製器具を使ッタ．フナはアミ．この河はカイボリヲシタ．ホタルグサが茂リ、ホタルが出た．祖父は私と友人たちとのためにオーバーシューズ（軍用ノ、長靴ノ上にカブセルモノ）をツケタ長グツデホタル苅リを友人を集めてやってくれた（後略）。（表記ママ）

中井家には地図がたくさんあった。父方の祖父・裕計《ひろかず》が日露戦争のときに測量して描いた世界地図もあり、「地図は描くものだ[1]」と思っていた。

小学一、二年生の頃には「磁石を持って歩測で自分の町の地図を作った[2]」こともあったというから、道や橋や植え込みや庭を描き入れるごとに芋づる式に当時の記憶が呼び戻されるのだろう。「樹の身になって」「隣人としての樹をみる」中井であれば、メダカやホタルの身になって、世界を眺めることもあっただろう。[3] 地図を作ることによって自己を中心に置く「天動説的観点」から距離をおく。[4] 地図とは、「メタ記憶の総体としての〈メタ私〉[5]」と特定の記憶を自在に往還するための「索引－鍵」の集合体なのかもしれない。

患者に対するときも、災害や戦争やいじめを語るときも、中井の姿勢は一貫している。相手の身になって世界を観察し、時空を超えて事象を俯瞰し、人類を自然史の中で捉え直す。祖父に自分専用の花壇を与えられ、母に植物の名前を教わった三歳のときから、中井は関与と観察への道を歩き始めていたのであろう。もちろん、「主眼は「理解」にある」[6]。

二〇〇四年春に甲南大学の特任教授を定年退職した中井は、引き続き甲南大学人間科学研究所研究員として、「戦争被害者、あるいは人類の集合的トラウマとしての戦争自体をとりあげる研究会の討論と研究」に参加することがあった。

「戦争と平和についての観察」は、初代所長・森茂起教授のもと開催された二〇〇四年度公開シンポジウム「埋葬と亡霊――トラウマ概念の再吟味」での議論をもとに執筆された百枚を超える長編である[7]。

そのウォーミングアップ版ともいえる「精神医学および犯罪学から見た戦争と平和」(第八章参照)で指摘したとおり、中井の恩師であり友人でもあるエランベルジェが目指して果たせなかった、戦争の犯罪学・精神医学的研究を試みたものだ。ここのみ抜き刷りにして、あるいは電子化してでも広く読まれるべき新たな視点と発見に満ちた比類なき考察である。

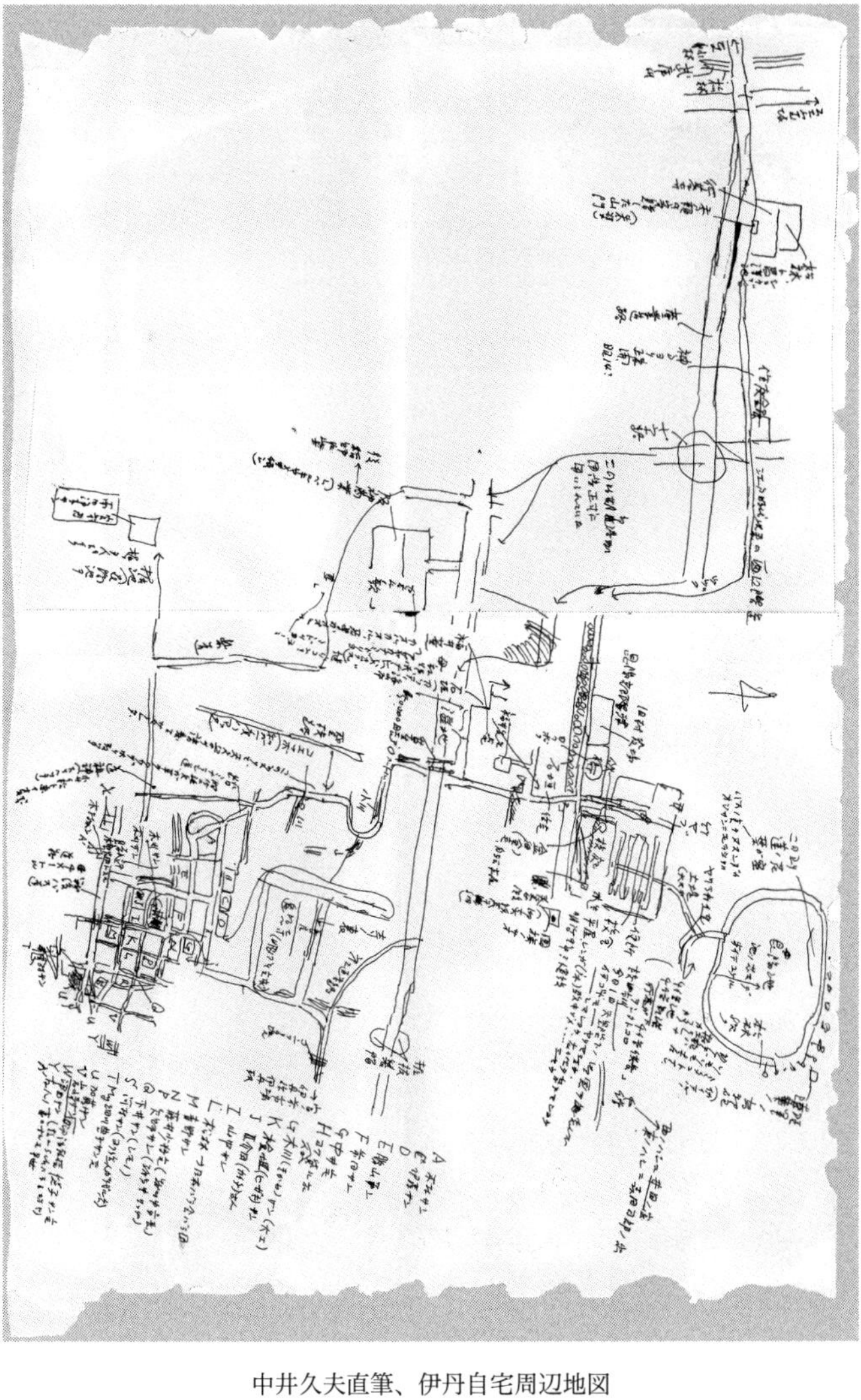

中井久夫直筆、伊丹自宅周辺地図

戦争と平和は対称的概念ではなく、戦争は「過程」、平和は「状態」であること。戦争においては一部の指導者の英雄化や物事の単純化、物語化が起きやすいこと。戦友は戦意維持にとって重要な要素であること。平和時のほうが社会の堕落が意識され、社会の要求水準が高くなること、等々。

「そこに人性としての疑いとやっかみが交じる」[8]という一節に至っては、SNS時代の今いっそう顕わになったといえる。なぜ日本が三四半世紀にわたって平和を保ち続けられたのか。「〝免震構造〟の構築と維持のために刻々要する膨大なエネルギーは一般の目に映らない」[9]という視点から検証する必要がある。

『それでも、日本人は「戦争」を選んだ』[10]などの著作で知られる歴史学者の加藤陽子は、中井との対談において、「戦後の改革は、千三百年以前の変化に似ている。それは白村江の敗戦後の変化である」[11]という中井の指摘を慧眼と評している。

『昭和天皇実録』によると、敗戦一年後の八月十四日、鈴木貫太郎と吉田茂を慰労するために行われた茶話会で昭和天皇が同じことを述べているという。以下に引用する。

加藤　その茶話会において、天皇はこう言う。今回の戦争では負けてもうしわけない。けれども、日本が負けるのは今回がはじめてではない。白村江の戦いがあった七世紀にも負けている。それを考えれば、日本が今後進む道は明らかだ。白村江で負けて以降、日本は国風文化といわれる文化の花を咲かせた。今後の日本は平和国家、文化国家の道を歩めばよいと、昭和天皇は述べていますね。

中井　ほう、なるほど。このへんが天皇の本音じゃないのかな。

加藤　先生が、白村江の戦い以降の流れと、戦後改革を同じ位相のもとに考えられたのは、古代史なりをきちんと読まれておいでだったからですか。第二次世界大戦、太平洋戦争における日本の敗北を、白村江以来、ととらえる感覚は、たしか、山本有三にもありました。山本の『竹』という著作の中の「戦争放棄と日本」（『朝日新聞』一九四六年一一月）という掌篇です。山本は日本国憲法の口語化にも尽力しますし、戦後の天皇制国家を軟着陸させた人だとわたしは思います。

中井　わたしがここにもってきた本『古今世界大海戦史』（春藤與一郎、昭和二年）のなかにも何かかいてあったと思う。わたしの祖母、これは一九四四年、終戦のひとつまえの年になくなった。日本は白村江の戦いでやぶれたという話をしたら、祖母は日本は負けたことがない、そんなことありえないといっていたけれど、祖父は、いや日本は負けたことがあるよっていっていました。

この本は、小学生のときに祖母にねだってかってもらった。祖母はあなたが大学にいく費用からさっぴくとかいってよろこんで買ってくれたけど。

加藤　中学生以上が読む本ですか？　大人の読む本ですか？

中井　大人ですね。

戦争の終わり方に関心を持ったのはそのころからかな。[12]

この対談において加藤は、まだ小学生の中井が、歪んだ情報統制の最中《さなか》にあって見通しのよい分析ができたのはなぜか、親族に軍関係者が多く、陸海双方の「不都合な真実が中井家という場では赤裸々に話されていた[13]」からではないかと疑問をぶつけている。

それに対し、中井は「いやあ、情報はもぎとっていたんですよ」と答え、新聞を毎日読んだり、世界地図を描いたりしたことを語っている。はぐらかしたわけではないだろうが、加藤がこの回答であっさり納得した様子はないまま、話題は次へと移っていった。

国民学校に通う少年の内面に何が起きていたのか。加藤が問うように、なぜ「歪んだ情報統制の最中にあって見通しのよい分析ができた」のか。のちに、「新潮」一九九五年四月号に掲載された「私の人生の中の本」から推し量ることができるのではないか。

読書遍歴について回想したこのエッセイで、中井は自分が童話を読まず、赤ちゃん言葉をしゃべらない子どもであったことや、祖父や父の本棚の本を片端から読んだこと、母方の祖父の勧めで丘浅次郎の進化論を知り、徳富蘇峰の『近世日本国民史』で日本史を読み、「主婦の友」の付録で女性の生理を知ったことにふれ、次のように記している。

町の本屋の本棚はほとんどが空っぽだった。ただ、科学書は検閲が大目に見てくれるためか、科学少国民養成のためか、けっこうよい通俗科学書が出ていた。出るとすぐ売れるのだったが、ある日、私は本棚の奥に山本一清の『天体と宇宙』を見つけた。私は銀河系の構造を知り、二重星を知り、ケフェウス変光星を知り、アンドロメダ星雲を知り、他の銀河宇宙を知り、その写真に陶酔した。何度、読み返したろうか。そのページは未だに私の視覚的記憶に蘇る。私の世界は空間的にぐっと広がった。私は小学校の同級生たちにこの発見を説いてまわった。餓鬼大将も耳を傾けて、それから、私が駆け回って集めた通俗天文学書の一冊を取り上げた。この時代の子どもは皆、はっきりしない言葉で語られる戦争にうんざりしていたのだ。

同じころ、父がソロモン群島に出る前に創元科学叢書のシャンド『地球と地質学』を贈ってくれた。昭和一七年、国民学校三年生の時である。この本はこの時期すでにウェゲナーの大陸移動説を紹介していた。かねて図鑑や地図が好きだった私には、この仮説はぴんと来た。また、私は先カンブリア紀を思い、絶滅していった三葉虫を思い描き、地殻の下の構造を脚の下に感じて震えた。私の世界は時間的にも大きく広がった。

　この広い時空の中に目下進行中の「聖戦」や「現人神」を置いた。そのように宇宙の中で矮小化することで、私は戦時中に正気を保った。[14]

　紀元二千六百年の祝祭も、七生報国、八紘一宇のかけ声も、宇宙創成や遊星の天球運行に比べればなんとちっぽけなものか。大陸の漂移や生命進化の時間に照らせばいかに刹那的であるか。中井少年は戦時下でかろうじて入手できた科学書によって、対象との距離感やバランス感覚を身につけていったのではないか。

　さらに興味深いのは、加藤との対談で中井が語った祖父母との会話そのものである。外に出れば、大日本少年団にいじめられ、教師には「文弱の徒」[15]と非難されながらも、家に帰れば、明治大正期にシベリアで諜報活動を行った石光真清のような働きを朝鮮半島で果たした退役軍人の祖父がいたという事実。

　祖父を慕って朝鮮人が訪ねてきたり、日中戦争の少し前からは戦地帰りの軍人たちが祖父に戦争の真実を語ったりするそばで聞き耳を立てていたという事実。

　それでも祖父は依然として寡黙であり、たまに口を開くとごく短く、本質を射貫く鋭い指摘をしたという事実。

そして、孫にも自分のことはほとんど語らない、謎めいた祖父の佇まいこそが、中井少年が高度な分析力を育む土台となったのではないだろうか。

中井の父方の親族は、シベリア出兵と日中戦争を除き、明治維新以来のすべての戦争にかかわってきた。戦争について書くことは喪の作業だったと回想しているが、それは同時に、自分にも流れる軍人の血を理解するための作業だったにちがいない。

二〇〇四年三月二十八日、兵庫県こころのケアセンターの開設を記念し、WHO健康開発総合研究センターとの共催で「こころのケア国際シンポジウム」が行われた。兵庫県こころのケアセンターは、阪神・淡路大震災復興基金によって一九九五年に五年間限定で発足した「こころのケアセンター」の後身で、行政組織として正式に設立された機関である。

神戸製鋼所や川崎製鉄阪神製造所などが震災後に移転して空き地となったところに、東部新都心をつくるべく開発された「HAT神戸」のウォーターフロントに位置し、周辺には、借り上げ復興住宅として使用されている高層マンションや兵庫災害医療センター、神戸赤十字病院、人と防災未来センターなど大型施設が建ち並ぶ。

トラウマとPTSDなど「こころのケア」に関する相談や治療、研究、研修など多様な機能をもつ全国初の拠点施設として二〇〇四年春に発足するにあたり、中井はその初代所長（非常勤）

に就任した。

自治体職員や教員、警察や消防への研修が継続的に実施され、中井が在籍した二〇〇七年三月までの三年間だけでも、所員たちは、新潟中越地震やスマトラ島沖地震、JR福知山線事故など国内外の災害や事件事故に県の指示を受けて出動し、各方面とのネットワークを構築した。

「日本社会における外傷性ストレス」[16]と題する中井の基調講演は、海外から参加した人にも理解できるようにという前置きで始まり、戦争の話が多くを占める。ちょうどエイブラム・カーディナーの『戦争ストレスと神経症』を現センター長の加藤寛と翻訳中だったことが影響しているのかもしれない。

戦争がもたらす心理的被害については、ミュンヘン大学からの声がけで甲南大学人間科学研究所との共同研究「戦争の子どもプロジェクト」も始まっており、国際的に加害を強調され自国民の被害が抑圧されていたドイツ市民の被害者性の掘り起こしや、関西方面の空襲の被害調査などがその果実となっていく。

ドイツと日本は共に敗戦国であるが、中井は開所記念講演の最後、「あえて言っておきたいこと」として「当時のユダヤ人が無辜であるという意味では日本人は無辜ではありません」[17]と強調するのを忘れなかった。

「冷戦が終わり、戦争を知らない世代が主役となった時期に、埋葬したはずの過去が再び生き返ってきて、日本が古い債務と新しい外傷とに直面することになりました[18]」との指摘どおり、平成がまもなく終わろうとする二〇一八年、私たちは「解決済み」だったはずの戦後補償問題への対応を突きつけられていた。

兵庫県こころのケアセンターにいた三年間、中井は長らく離れていた外来を再開した。予約制で、家族面接も入れて初診に二〜四時間、再診でも一〜二時間をかけた。中井もクライエントも、五〇分ごとに一〇分の休みを入れながらの診療だった。

診察室の壁紙はよく見ると黄色味がかっている。やさしい黄色は人間の気持ちをもっとも落ち着かせるから、という中井の提案によるものだ。

箱庭や絵画療法の部屋も設けられた。棚には、縁日やミュージアムショップで買いそろえたお気に入りのミニチュアのおもちゃを並べ、画用紙とクレパス、絵の具などを私費で購入した。

「せっかく始めるのであるから、今までしたくともできなかったことをやってみたかった[19]」との想いからである。

長い面接時間での話題は、生活のことが中心となった。引っ越したと聞けば、そのたびに、その後の暮らしは前と比べてどうだったかと聞いて年表を目の前で作る。それをコピーして渡すこともあった。好物やひいきの力士、応援している球団、好きな本や気になる新聞記事を訊ねることもあった。

そんなことを聞いてどうするのだ、という人がいても不思議でないが、こういうリラックスしたところで思いがけない話が出てきたり、ほとんど詩的な言葉で直観的に自分の置かれている（あるいはある時に置かれていた）状況が語られたりする。

何よりもまず、自己規定が単なる症状や病名でなくなる。私は、誰にせよ「何々障碍患者」という自己規定を中心に据えてほしくない。それは私を「前立腺癌患者」というようなもので、それは事実ではあるが、それだけでは私はいやである。誰にせよ、その自己規定はその人の最高の瞬間を含むものであってほしい。[20]

中井がどのような外傷患者を診察していたかはまったく語られておらず、守秘義務のもとにある。兵庫県こころのケアセンターを退任したのちもしばらく、要請があれば面接を行ったという。「中井先生は今も診ている患者さんがいるんですよ」。筆者が初めてセンターを訪問した二〇〇八年夏、所員がそう語るのを耳にしている。

この頃もうひとつ、中井が行っていた連続講座がある。兵庫県西宮市にある有馬病院の「医師・看護師合同研修会」である。もとは京都府立医科大学精神科の医師らによって設立された精神科病院で、神戸大学時代に何人かの医師を引き受けてもらったのが縁で、退官したら講義をしてほしいと頼まれていた。

研修会に招かれた中井は、これまでの経験にもとづき、のちに中井の「臨床作法」と呼ばれる患者への言葉かけや暴力への対処法などをテーマに講義を行った。その内容は、これを収録、再編集した『こんなとき私はどうしてきたか』[21]に詳しい。

まず、初対面で何を話すか。患者がもっとも知りたいのは、「これから私はどうなるのか」である。ときには自分はいたって普通なのに、「拉致」されたと思っている場合もあるから、最初に出す情報は「あなたは一生に何度かしかない、とても重要なときにいると私は判断する」ということ。これにはうなずく患者も多かったという。

「私はこれからどうなるのでしょう」と不安を感じている患者に対して大切なのは、「希望を処方する」こと。医療と家族と患者本人の呼吸が合うかどうかによって予後は大いに変わること、安請け合いはせず、「私が間違ったら、治るものも治らないからね」と表現する。

脈をとったり聴診器をあてたりしながら、小声で「きみは、いまとてもそう思えないだろうけれども、ほんとうは大丈夫なんだよ」とささやく。

幻聴の訴えに対しては、四期に分けてそれぞれの対処法を語る。必ず患者に訊ねるのが、「ひょっとしたら、あなたが幻聴と言うもの（私はこういうふうに相手の精神医学用語を言い直すようにこころがけています）は消えるかもしれないが、消えても、きみは大丈夫かね？」という質問である。幻聴が聞こえているかどうかは聞かない。注意を向けるとその注意が増幅して悪循環を招くためだ。

幻聴や妄想をどうすれば実りあるものにするか。一緒に考えましょうと中井は促す。幻聴は消えていくものであることをまず患者に伝えたい。そのためにもまず、「幻聴というのは、なんで夢に出てこないんだろうね」といってみる。「そうですね。ふしぎですね」と患者が答えたら、「幻聴が夢に入ったら教えてくれたまえ」と頼む。

精神療法って、こんなことなんですよ。いままで聞いたことがないような言葉を耳にして、その人が「なんだろう？」と考えるようにすることが精神療法なのであって、言葉の魔術で患者さんを治すわけじゃない。

患者さんの考えを広げていく。自由にする。そのためには、「またか」ということは話さない。壁に釘を打つときに、同じところになんべんも打ったら固定しないでしょう？「別のところに釘を打つ」というのが大事なんです。[22]

一人で考えて堂々巡りになっているところに異物を入れて、ぐるぐるをちょっと外すきっかけをつくること。考えに考えて考えすぎている患者が、ふと、新たに考え始めることの大切さ。

中井はまた、「患者さんからの暴力」についても、自身の体験を交えて語った。中井が医学部の教師になった頃は卒後研修でもまったく触れられず、タブー視されてきた。それは医療者にとっても患者にとっても不幸なことである。

医学書院が暴力についてのテキストブックを作成した際には、「患者さんが暴力をふるうということは、患者さんにとって身体的な不利益だけでなく、社会的な不利益を生む。暴力で反応する習慣を患者さんがもたないことは、社会復帰のうえでとても重要なことだ。それは治療の一部なんだ[23]」と語っている。

暴力に対処するというと、どうしても治療者が自分の身を守る方法に重きが置かれてしまう。それでは治療者と患者は対立する関係になってしまう。

そうではなく、暴力への対処法を知ることによって、患者が暴力をふるうのを習慣にもっていかないようにすることが重要だと中井はいい、暴力をふるわれそうになったときに自分がどうしたかを語った。

あるときはハンガリー出身の精神科医マイケル・バリントの「地水火風になれ[24]」のように、力を抜いて動かず、自然物のようになった。あるときは相手の利き腕のほうに回り込み、相手の肩を包み込むようなやさしく小さな声で「きみはいま、人生に何度もない大事なときにいると、私は思う」といい、落ち着いてもらった。

ただそれだけでは錯乱している患者に対処しきれないこともある。中井自身、ナイフで襲われそうになるなど九死に一生を得たことは何度もあった。中井は一人の医師に患者役になってもらい、相手の力が抜けて興奮が収まるまでの抑制の仕方を実演した。

新しい患者を迎える際も、往診に行く際も、まず「私は医者です」「看護師です」と名乗ること。一度、医療者に不信感を抱かれると、次からの診療はうまくいかなくなる。「ハト派的な患者迎えは患者さんと家族の将来を決めるだけでなく、今後の医療者のためでもあるのです[25]」。『こんなとき私はどうしてきたか』には、次女の久美子が小学生の頃、垂水漁港を散歩しながら一緒に作った「精神保健いろは歌留多」を付録につけた。中井はあとがきをこう結んでいる。

ふつうの医療者が理解し実行もできるような精神医学を私はずっと目指してきた。いくぶんなりとも達成できているだろうか[26]。

二〇一六年九月、中井は「中井久夫と考える患者シリーズ」を刊行している鹿児島のラグーナ出版で、中井とほぼ同時期を精神科医として尽力した、鹿児島在住の神田橋條治と再会した。正確にいえば、ラグーナ出版の会長で精神科医の森越まやと社長の川畑善博が中井を招待するにあたり、サプライズで神田橋に声をかけていたのである。

山盛りのさつま揚げをみやげに現れた神田橋は、車椅子の中井をみとめるやさっと歩み寄り手をとった。感嘆の声を上げるでも、抱き合うでもない。「よかニセどん」[27]と「ウルトラマン」の対面はあまりにもあっさりとして、だからこそ同席者は、二人にしかわからない交歓の重さにしばし胸を熱くした。

神田橋が『中井久夫著作集　第Ⅱ期　精神医学の経験』[28]のパンフレットに寄せた、有名な中井評を一部引用する。

「中井久夫はウルトラマンである」と思う。超人とかスーパーマンとかの意ではない。光の国からぼくらのために、ぼくらの世界に来てくれた、超常的現象なのではないかと空想してしまう。目前にしてさえ信じられないほどの知性と感性の冴えは、どのような文化領域にも光をもたらしうるほどのものである。それなのに、法律の世界でもなく微生物研究の世界でもなく、ぼくらのこの領域にきて留まってもらえたのは、ぼくらの世界が格別に暗かったからであろう。その暗さの程度は、中井先生によって光を当てられることで、はじめて暗かったことに気づくといった、ほとんど知の光と無縁の闇であったような気さえする。そして、その闇が中井先生という現象を誘発し、ウルトラマンをぼくらの身近に呼んだのであるなら、ぼくは闇に対する感謝で一杯になる。

第十章　認知症と長いたそがれ

二〇〇七年一月に七十三歳となった中井久夫は、その春に兵庫県こころのケアセンター長を退任し、臨床医としての仕事をすべて退いた。二〇〇二年に就任した、現・公益社団法人ひょうご被害者支援センターの理事長（二〇〇八年より顧問）が公的には最後の職務となる。

筆者は二〇〇七年の秋に、ある月刊誌[1]で中井を初めて取材している。場所は山陽新幹線新神戸駅に近いホテルの会議室で、三時間以上に及ぶロング・インタビューとなった。ビジネスマン向けの雑誌だったこともあり、編集部があらかじめ想定したテーマは職場のストレスとうつ病についてだった。

厚生労働省が発表した二〇〇六年度のデータによると、過労や仕事のストレスが原因による自殺、あるいは自殺未遂を図ったために労災認定された人が過去最多となり、なかでも三十代の過労自殺を含む精神障害の認定者が急増していた。働き盛りの人の心の病や子どもの発達障害についての報道が増え、心の健康は現代社会が解決すべき喫緊の課題となっていた。

中井は、自分は企業の診療室に勤務したことはなく、近頃の三十代は診ていないので昔話になるけれど、と前置きした上で次のように話した。

コンピュータが入ってくる前ですが、銀行でキーパンチャーの腱鞘炎がかなり大きな問題になったことがあったんです。ある会社の顧問医をしている整形外科のドクターが相談に来られて、曰く、腱鞘炎は一人がもうやってられないと悲鳴を上げると、それまでみんなじっと我慢してたのに、私も、私も、私も、と声が上がる、と。企業の発想としては、最初に「やってられない」といい出す人をテストでピックアップして、その人だけクビにするか閑職につけるかすれば腱鞘炎はなくなるのではないか、それを発見する方法を教えてくれないか、というわけです。

——それはすごい発想ですね。

ほほう、と思いました。それで私は、「なるほど。ところで腱鞘炎というのは、外国ではどうなってますか」と訊いた。すると「いや、外国にはありません」という。「どうして日本だけなんですか」と訊ねると、正確な数字は覚えてないのですが、外国の場合は打鍵数が六〇〇〇か七〇〇〇。ところが日本のキーパンチャーは欧米のキーパンチャーの倍近く打つのだそうです。あ、そういうわけかと思いました。答えはもう、一つしかない。「欧米のレベルにしたら出なくなる。それしか答えはありませんよ」と僕はいいました。日本人だけ腱鞘が強くできているわけじゃないから、欧米の水準にするしかない。そうしたらドクター曰く、「いやあ、日本のキーパンチャーは欧米並みなんてかったるいことはしませんよ。全国コンクールがあって順位を決めていくんです」と。

――たしかに昔、そういうコンクールがありましたね。

これは自殺の問題に似ていると思いますね。発端者が「私、やってられません」といって辞めて、いまは死んでから労災を請求するようになりました。それはもう、労働時間が長すぎますよ。軍隊に似ていますね。無理な要求をしても、日本の軍隊はいかに犠牲を払っても目的を達成するし、達成できなかったら死ねばいいんでしょうという感じで死んでいきましたよね。それと似ておりますね。

――キーパンチャーは当時、専門技術職だったわけですが、パソコンはいまや一般化しています。現在もパソコン入力コンクールのような大会はありますので、そのお話は決して過去の問題ではありませんね。ＩＴ化は、自殺の問題に関係している可能性はないでしょうか。

どうなのでしょう。限られた時間ならばそんなに有害ではないと思いますが、要は、一日二十四時間をどう配分して生活するかという問題ですね。ノーベル賞をとられた朝永振一郎先生が書いておられますね。「いくら物がないといっても、木のレールで汽車を走らせることはできないよ」と。

ちゃんとしたレールでなきゃいけない。それに尽きると私は思います。実験してみたらいいのです。キーパンチャーを二つのグループに分けてみて、一方で何をどう減らせばどんな違いが生じるか、条件を変えて比較してみる。そうすればすぐにわかりますよ。

——企業でもメンタルヘルス室を設けて、うつ病などになった社員に休養を取らせて、復職にあたってもいきなり第一線に戻すのではなく、少し楽なパート的な仕事をさせて様子を見て、段階的なプロセスを踏んで最終的に現場復帰させる。そこまで考えている企業がありす。社員のメンタルヘルスは企業のリスク管理と考えられてきていますね。

それはあくまでも企業側の話ですよね。家庭に戻していく側に立てば、奥さんや旦那さんなどパートナーが「あなた、そこまで無理することないよ」とか「やめても何とか食べていけるから」というのは一つの安全弁だと思います。いまは人のために尽くしたい、人を喜ばせたいという人が理解されない時代ですね。

上原国夫の筆名で発表した、精神科医の近藤廉治との共著『あなたはどこまで正常か』[2]で、中井は当時社会的な問題になりつつあった働く人のノイローゼについて論じ、どれだけすぐれた計画や行動も、ごく普通の意味での正常さによって豊かに支えられるのでなければ、足元から崩れ去るだろうと述べている。

働き盛りのストレスであれ、精神疾患であれ、時代を問わず、中井が重きを置くのは日常を整えることの大切さであり、生活者としての当たり前な日々であることに改めて気づかされるインタビューであった。安倍晋三内閣において、企業の働き方に関する抜本的な改革が始まる約十年前の出来事である。

二〇〇七年から二〇〇九年に発表された論考やエッセイの初出は、雑誌「みすず」の不定期連載「臨床瑣談」や長らく寄稿している神戸新聞のほか、出版社の求めに応じて書かれたものが中心である。

精神科医になって間もない中井が、なぜ統合失調症の患者の言葉がわかりにくいかを考え始めたことがきっかけとなって展開した「継ぎ穂」論は、岩波書店の雑誌「図書」に二〇〇六年七月から二〇〇九年五月まで隔月で掲載され、一年を経て『私の日本語雑記』として出版された。「あのー」の間投詞から始まって、センテンスを終える難しさや人格形成期の言語体験、訳詩の過程まで、自らの臨床経験から照らし出された、言葉をめぐる文章が収録されている。

甲南大学に設けられた「環境における言語活動」という研究会での議論がもとになっており、そのメンバーだった中島俊郎・甲南大学名誉教授によれば、大きな紙に図示して描かれた論の構想では半分以上がまだ論じられず、発展の余地のある論だったという。

「この原稿は私のもとに未定稿として残されています。原稿というより海図のような側面があります。議論に紆余曲折があったのを思い出します。独創と模倣の狭間という問いでした」

言語研究のプロではない者が言語について何かを書こうとすることはあまりない。だが、中井は、「私はけっきょく「弱さ」によって、こういうものを書くことを承知してしまったのだが、これを書き上げるのは今までにない苦しさだった」とあとがきに記している。

この間、軽い脳梗塞を発症し、家庭内では老老介護が始まり、がんや認知症を患う親戚や友人、知人あるいはその家族から助言を求められることが増えた。「家庭に戻していく側」の視点を保ちつつ、彼らと主治医の間に立ってなんらかの役割を担おうとする中井本人がたびたび登場するのが、この時期の文章の特徴であろう。

義兄に頼まれて丸山ワクチンの開発者である丸山千里に会いに行った話や、仲良しの叔母のががん告知に立ち会ったこと、がんの手術は成功したけれど院内感染が起こったから一度診に来てほしいと友人に頼まれた話など、近しい人々から投げられた変化球にこれまでの経験や知識を総動員して向き合い、応用問題を解こうとする様子が描かれている。

背景には、医療が「告知の時代」に入ったことがある。医師に任せておけばそれでいいというパターナリズム（父権主義）を脱し、病名を告知したうえで患者とその家族に多くの判断を委ねるようになった。

患者の自己決定権を尊重するといえば聞こえはいいが、医師と患者の間に歴然と情報格差がある中で、病気や治療の説明を受けて同意書にサインしたとしても、それが患者の真の意思を表すものとはいいがたい。

自己防衛のために告知しているにすぎないとしか思えない場合もあり、訴訟に対しての備えなのか一字一句助手に書き取らせるところもある。しかし、告知とはそれで済むものではなかろう。

告知の時代には、告知する医師には告知しただけの覚悟も必要であり、また、告知された患者も茫然たる傍観者ではなく、積極的に何かを行ないたいだろう。患者もその家族、知己も、いつまでも手をつくねてドアの外で待つだけの存在では済むまい。[3]

主治医ではないが、一般的な患者の家族や友人とも違う。中井の働きは、彼らに寄り添いつつ彼らの置かれている状況を一歩引いたところから俯瞰し、医師団との間のずれを埋める作業といえようか。

がんについて意見を求められれば、まずがんとはどういうものかから話し始める。がん細胞は日常的に発生しては除去されていく内なる細胞であり、たとえ一部が残ってもそれが免疫系によって破壊されること、がんは異物混入ではなく、日常の延長線上に起きた異変であること、すなわち、「ガンも身のうち」という見方をまず示す。

「日常で頼りになるのは「いつもと違うぞ」という感覚と、体重と、最近のストレスフルな事件の密度である」「麻酔医が前日に患者を訪問するのがよい病院」「無理にでも笑う顔を作って「脳をだまして」みるとよい」などは、がんを標的としか見ない、あるいは見ざるをえない医師団からは得にくいアドバイスである。[4]

「ガンの回復に特化した病院があってもよいではないか」[5]と中井が考えたのは、統合失調症の寛解過程を観察していた一九六〇年代後半の頃だが、それから四十数年以上経って日本でもようやく複雑化したがん医療を担う腫瘍内科医が誕生し、大病院から在宅治療まで広い場面で彼らの需要が高まっている現状を見ると、その先見の明に驚くばかりである。

中井が友人知人からよく意見を求められ、入手方法を聞かれたのが、丸山ワクチンである。「SSM、通称丸山ワクチンについての私見」[6]は、「みすず」二〇〇八年三月号に発表された後に毎日新聞の書評欄で二度も取り上げられて話題になり、「みすず」が増刷されてそれも品切れになるほど反響は大きかった。

医療界で長らく「タブー」とみなされ、評価の定まらない治療法について言及するのは、私見とはいえリスクが伴う。それが自ら被験者・治験協力医となるほどの理解者となったのは、日本医大ワクチン療法研究施設に丸山を訪ねて直接説明を受けた際、元ウイルス研究者としての知識と経験を背景にがん細胞とワクチンの仕組みを生物学的に捉えられたことが大きいだろう。

医学部教授さえも、自分や家族ががんになったときにワクチンをもらいにくるという「ダブルスタンダード」が医療界に存在することも、俄然、中井の好奇心を掻き立てたにちがいない。自らの経験をふまえた報告は、ほんとうのところはどういう治療法なのか、ほんとうのところがんが治るとはどういうことなのか、という問いに一つの視点を与えたといえる。

丸山は皮膚科医であり、皮膚結核の治療として始まったため数か月おきの検査ではなく、毎時毎分、必要なときはいつでも「直接観察」が可能だったことに中井は注目した。がんを叩くのではなく、囲い込んで兵糧攻めにして自然治癒力を側面擁護しているのではないかという丸山の仮説や、濃度の異なる二種類の液を、一日あいだを空けて半永久的に注射するというルールが生まれた理由を、丁寧に読み解いていく。

中井は、「丸山ワクチンは、ガン細胞が自己を防衛するのに手を貸してやることによって、ガンを生体にとって無害なものにしているところがあるのかもしれない」[7]と推察し、自らの前立腺がんの手術後にテストした。

以後六年間、このワクチンだけで生存していると記しているが、再発の知らせはない。がんの自然治癒例の報告は多いが、それらは最初からがんではなかったのだと片づけられるのが常だと中井が繰り返すのはなぜか。

「百人を一時はだますことも一人を永続的にだますこともできるが、百人を永続的にだますことはできないという法則を適用してもよかろう」[8]。免疫チェックポイント阻害剤の開発に対してノーベル医学生理学賞が授与された今、免疫治療の元祖・丸山ワクチンのメカニズムの解明が待たれるところだ。

この時期の中井にとってもう一つの重要なテーマは「認知症」である。認知症は、全人口の約三十パーセントが六十五歳以上の高齢者とならんとする超高齢社会の最重要課題である。その症状やケアの仕方、予防法は、老若男女問わずすべての人が身につけるべき基礎知識の一つとなるだろう。

中井は長らくわがこととしてこの病に向き合っており、「認知症に希望はあるかといわれると、私自身、希望を持てなくなることが何度もありましたし、今後もあるでしょうから、「ある」と気軽にはいえないのです」と「認知症に手さぐりで接近する」で打ち明けている。[9] 中井もまた困難な状況にある生活者の一人であり、ケアする側とされる側の間で揺れる一人の高齢者であることは、本稿をより切実なものにしている。

どこにあるかわからない出口を求めて迷路をさまようのではなく、まず手が届きそうなところから順序立てて考えていく。医学史上初めてかもしれない「長いたそがれ」をどう送るか、というふうに問題を軽くして考えてみればどうか、次に、配偶者をはじめとする周囲の人、介護者の顔がわからなくなるまでの時間を長くすることを中間的な目的にしてはどうか——。

認知症に「手さぐりで」近づいていく中井の注意深さに導かれ、曇りガラスに遮られていた視界が晴れていくのを感じる当事者やその家族は多いのではないか。

たとえば、過去を何度も話すことは「記憶の煤払い」であり、その人の来歴を苦労話に仕立てて聞かせたら何かが変わったというエピソード。もの盗られ妄想はしっかり者に多く、記憶喪失の実感を訴えているのではないかということ。時計を読んだり服を着替えたりするむずかしさは、完璧を目指さず一工夫することで折り合いをつけられること。もっとも大事なのは自尊心で、人として大切にされ、存在していることが喜ばれているという感覚が大切であること[10]。

中井は以前、階段の途中でじっと何時間も動かない統合失調症の患者について、彼は自分が一歩でも動くと世界が崩壊してしまうと考えに考えて動けないでいるのです、と筆者に説明したことがある。

「患者とは、あるいは患者も含めて不幸な人とは、考え、考え、考え、考えている者」であり、認知症の人も統合失調症の人もがん患者も、「考えに考えをつづけています[11]」。

生涯を苦労話に仕立てて聞かせるのも、「おまえ」だった伴侶を「あなた」「きみ」と呼んでみるのも、あなたが存在しているだけで私は幸せなのだという想いを認知症の世界へ届ける、橋掛かりのような役割を果たしているのかもしれない。


ところで冒頭で紹介した雑誌インタビューの終了後、編集者がタクシーを呼びに行っている間、ほんの五分程度であるが、中井と立ち話となった。話題は犯罪加害者についてで、中井は二つのことを語った。

一つは、犯罪被害者等基本法が二〇〇四年に成立し、犯罪被害者の支援や権利の保護の必要性がようやく世の中で認知されるようになってきたが、そこからこぼれ落ちるのが加害者家族である。彼らは司法的にも精神的にも支援を受けられず孤立し、置き去りにされたままであると。もう一つは、判決文は、同じ判決であっても加害者が納得して刑に服せる文章であるのが望ましいということ。「判決文の研究というのはまだありませんが、必要でしょうね」といった。

犯罪加害者の理解については、二〇〇二年に発表された「ある家裁調査官と一精神科医」[12]でも考察されているが、インタビュー当時、社会的にはまったく手付かずの状態であった。

その翌年、仙台の大学院生が中心となって日本初の加害者家族支援団体「ワールド・オープン・ハート」が発足し、近年は加害者家族がメディアで自分たちを取り巻く厳しい現状を訴えるようになったが、それもまだ圧倒的に少数であり、潜在的な需要に対し、直接的支援が届いている割合はごくわずかである。

中井は体調を理由に二〇〇七年度でひょうご被害者支援センター理事長を退くが、残された課題としてここに記しておく。

第十一章　グッド・ドクター

中井久夫はよく絵を描き、人にプレゼントした。神戸大学では、新入局員の歓迎会で研修医一人ひとりの名前を添えた風景画を描いたこともある。

精神科は医師の中でも自死が多い部門といわれる。自局から犠牲者を出さないよう、研修医たちを引きたてる意図があったのではないかと、絵を贈られた胡桃澤伸は回想している。[1]

頼まれれば、挿し絵も描いた。土居健郎が主宰する事例研究会「土居ゼミ」以来の友人である心理療法家の村瀬嘉代子が、自らの生い立ちを振り返りつつ日々の臨床での想いをつづった『柔らかなこころ、静かな想い――心理臨床を支えるもの』[2]や、神戸大学医学部精神科の〝実務研究員〟として中井のもとで学んだ家裁調査官、藤川洋子の『わたしは家裁調査官』[3]のように、「挿画・中井久夫」というクレジットで紹介されている書籍もある。

村瀬と藤川の共通点は、家庭裁判所で少年事件や家事事件の審判に携わってきたことである。

藤川の本はとくに少年犯罪について書かれたものであるため、「内容が内容だから、ちょっと中和する必要があるだろう」と中井から提案があっての登場だったという。

いずれも細いタッチのペン画で、花やコーヒーカップのような静物もあれば、操業中の漁船や草原を走るチンチン電車のように動きの感じられる懐かしい風景もある。困難な仕事に従事してきた二人への共感と労《ねぎら》いの気持ちが込められた、控えめで優しい絵ばかりだ。

筆者の手元にある中井の絵は、それらとは趣きが異なる。そもそも作品ではなく、拙著『セラピスト』[4]で絵画療法について取材した際、カウンセラー役とクライエント役をそれぞれ体験してみてはどうかという中井の提案によって、筆者をカウンセラー役として描かれたものである。

画用紙に一本の木を描いた「樹木画」、自由に線で仕切ってクレヨンで色を塗る「分割彩色法」、中井が考案した「風景構成法」による絵もある。風景構成法は、三次元で展開される箱庭療法では侵襲的ではないかと考える統合失調症の患者に対して行える絵画療法がないかと試行錯誤の結果、一九六九年に編み出され、翌年の第二回芸術療法研究会で報告されたものだ。

まず患者の前で画用紙の四周をサインペンで枠取りし、断ってもいいし途中でやめてもいいと伝えた上で、「今からいうものを一つひとつ描いて、全体が一つの風景になるようにしてください」といい、サインペンを渡す。

描く順序が大切で、まずは「川」「山」「田」「道」、次に「家」「木（森）」「人」、さらに、「花」「動物」「石とか岩のようなもの」、最後に「描き足したいと思うもの」を加えて彩色していく。

完成された描画を分析的に解釈するのではなく、描画過程の関与的観察が大切で、時間をあけて「複数回の縦断的観察が重要」[5]である。

一人で描く絵と面接の場で描かれた絵は「独りごとと会話が違うように別物である」[6]とあるように、この日描かれたものは、あの日、あの時間、疑似とはいえ面接の空間でなければ生まれなかったであろう絵であり、絵を介さなくては語られなかっただろう自らの来し方や病のこと、老いへの想いなどが語られた。

絵画療法による絵が、作品とは「別物」であることをより強く認識させられたのは、枠の中に縦横無尽になぐり描きし、色を塗って仕上げる「なぐり描き法」を行ったときである。

画用紙の左側からスタートした中井のサインペンは、円を描いたかと思うと急勾配の山のように大きくカーブし、カーブは途中から直線となり、ぎざぎざとなり、再び描き始めた地点に戻ってもう一度大きくカーブして終わった。この間、わずか十数秒である。

「頭巾を被った人がなんか、指を差している」「ということは、このあたりが顔ですか」「このへんがね」「ああ」「変なものが出てくるなあ……、原子炉と関係あるんかなあ」。

色が塗られていくうちに、現れたものに息をのんだ。原発事故処理班のような防護服に身を包んだ大きな目をもつ生命体が前方を指さしている。その腕と並行するようにへびが舌を出し、長い首を突き出している。ふだんの中井の絵を知る人間には想像もつかない、不気味さと攻撃性を孕んでいた。

「変なもん出てきちゃったなあ」

「この右手の指は、何を指しているのでしょうねえ」

「さあ。へびとメガネと酸素タンクと、指か」

「この水色の楕円形はメガネなんですね。防護服の人はメガネを通してその先を見ている。うしろに背負っているのは、これは酸素のタンクでしょうか」

「そうですね。このメガネというか、水色のガラスのあたりからへびが出てきてるんですね。はあ、これはこれは……」

東日本大震災から間もない、二〇一一年三月十六日のことである。筆者が中井家を訪ねたとき、テレビは福島第一原子力発電所の事故を報じていた。取材の際はテレビを消したが、この国でのっぴきならないことが起きていることは頭から消せないでいた。続いて行った、枠のない紙を用いたなぐり描きでは、一面にゆらゆらと広がる水面が描かれた。

あらかじめ予定されていた日時だったとはいえ、物品の買い占めや避難騒ぎが続く東京からやってきたばかりの筆者も平常心とはいえない。阪神・淡路大震災の記憶に踏み入るのは本意ではなかったが、中井が長年手掛けてきた絵画療法は、はしなくも中井の時計を被災地に、そして、十六年前の冬に巻き戻していくようだった。

中井は軽い脳梗塞による体調不良も重なって、二〇〇二年のＮＰＯ法人設立から理事長を務めてきた現・公益財団法人ひょうご被害者支援センターも顧問職に退き、定期的な会合に出席することもなくなっていた。当時の文章は、好きなときに好きなことを書いて限られた親しい編集者に送る、というスタイルで執筆したものが中心である。

「患者と医師と薬とのヒポクラテス的出会い」は、そのような場所として用意されていた、みすず書房の月刊「みすず」二〇一〇年三月号に掲載されたものである。

絵画による非言語的アプローチを得意とする中井が、そもそもは分子生物学の黎明期を知る京都大学ウイルス研究所の研究者であり、決して投薬に否定的なわけではないこと、丸山ワクチンに対して、「丸山ワクチンは、ガン細胞が自己を防衛するのに手を貸してやることによって、がンを生体にとって無害なものにしているところがあるのかもしれない」[7]と指摘したように、薬の作用機序についても科学的な考察のもと処方してきたことが読み取れる論考である。

脳血管障碍に対する新薬ルシドリールがグリア細胞の中に入っていく薬であることに注目し、「かねてより私は、脳内の神経細胞を養っているグリア細胞こそ脳障碍の改善に重要ではないか、どうして神経細胞ばかりに注目しているのかといいたい気持ちがあった」[8]と述べ、「内因性精神障碍に生物学的基礎があると主張する声が高いのに、脳代謝循環改善剤を使う試みがないに等しいのではないか」[9]と問う。日々の診療に追われる現場の医師や製薬関係者は大きな気づきを与えられるのではないか。

同じく月刊「みすず」二〇一〇年六月号に掲載された「病棟深夜の長い叫び――ジル症候群[10]」は、東大分院と青木病院で診察を行っていた若き日の中井が、患者とどのように向き合っていたかがよくわかる症例報告である。

ジル・ドゥ・ラ・トゥレット症候群の少年の耳を覆いたくなるほどの絶叫に、ただただ途方に暮れたこと。そのうち運動場や多摩川の土手を散歩しながら話を聞くようになったこと。当時、彼を含めてチック的な症状をもつ三人の少年がいて、三人が中井と競うように手をつなごうとしたこと。ある日、思いつきで彼に怪獣家族画を描いてもらったところ、複雑な背景をもつ家族の中で彼の置かれている位置に気づく瞬間の描写は、モノクロの画面が突然、天然色に彩られたようである。

引退医師として地域の在宅医療に携わった日々を描いた「在宅緩和ケアに関与する」[11]には、国が在宅医療の利用者を増やそうとしている過渡期にあって、重要な論点が示されている。それは医師と患者とその家族の風通しのよいコミュニケーションであり、在宅看護ステーションなど地域資源を把握することであり、いつでも多様な選択肢を準備できることである。

「ひょっとしてこの人に限って、治癒するんじゃないかと、奇蹟を期待する」[12]ほど入れ込んでしまったとあるように、ここに描かれるのは特殊ケースかもしれない。だが、「在宅医療は医師もまさに感情労働である」[13]という感慨は中井ひとりのものではなく、在宅医や訪問看護師の「バーンアウト（燃えつき）」とその支援策については目下、喫緊の課題である。

この原稿が発表された翌月十一日、東日本大震災が発生した。阪神・淡路大震災直後の精神科救急について報告した「災害がほんとうに襲った時」の原稿（初出は「みすず」一九九五年二月号）を受け取ったみすず書房の守田省吾が、改めて、あのときの知恵を伝えてほしいと依頼して書かれたのが、「みすず」二〇一一年四月号に掲載された「東日本巨大災害のテレビをみつつ――二〇一一年三月一一日―三月二八日」[14]である。

中井のもとには、新聞や雑誌から取材や執筆の依頼が殺到した。「何をすればよいですか」という彼らの問いに対し、「私は災害の専門家でも災害の心理的対策（こころのケア）の専門家でさえもない」とことわりつつも、あたたかい食事の必要性や救援活動にあたる人々への後方支援の大切さ、心理的な支援が必要なポイントなどを具体的に述べた。

このうち中井が、一九九〇年代後半からメタアナリシスによって無効とされている「デブリーフィング」について「有害ではない限り、やって悪いことではないだろう」[15]と肯定的に記していることに対して、後日、精神科医の斎藤環は「緊急復刊 imago　総特集　東日本大震災と〈こころ〉のゆくえ」[16]の巻頭インタビューで中井に問いただしている。

デブリーフィングとは、災害や精神的なショックを受けた人にその経験を語らせてストレスを軽減することであるが、これによって苦痛を和らげたりPTSDを予防したりすることはできないことが近年の研究で明らかになり、災害直後のデブリーフィングはとくに行ってはならないことが、厚生科学研究による「災害時地域精神保健医療活動ガイドライン」(二〇〇三)にも記載されている。

斎藤は、一律に否定することに疑問を抱いていたのだろう、真っ先に、「(中井)先生がその有効性を書かれていたのは、なにがしかの手応えを感じられたからだと思うのですが。ケースを選ぶことをはじめとして技法上の工夫いかんでは有効な技法たりうると考えますがいかがでしょうか」と質問している。

このとき中井の回答で明確になったのは、中井のいうデブリーフィングは一般の被害者や被災者ではなく、消防士や警察官、軍人など特定の任務に従事する職能集団に対するもので、緊張をほどき、心理的に肯定し、達成を認めるという意味の、「区切り」「締めくくり」「終結(入門)儀式」としての有効性であるということだった。

そもそもデブリーフィングは、被災地で支援にあたった米国の消防士がニーズを感じて大学院で心理学を学び、作り上げたものである。「ほんとうにニーズを感じている人とアカデミックな心理学者とは違ってあたり前」といい、略奪などの暴動を数日間かけて収拾した興奮状態のままデブリーフィングをやらないで彼らを家に帰したら、「たとえばDVのもとになったりして家庭に害が及ぶ。だから、デブリーフィングを済ませて帰すんだと、そういうニーズです」と説明している。

中井自身の体験も説得力を与えている。阪神・淡路大震災の翌年、アメリカで模擬的デブリーフィングを受けたとき、「あなたはグッド・ドクターだ。あなたはベストを尽くしたのだ」といわれ、悪い気はしなかったという。行動を認知され、肯定されることがいかに大切か。英雄視されることとは意味が違う。

東日本大震災後から半年ほど続いた取材やインタビューの依頼が一段落すると、中井は妻と共に介護付き有料老人ホームに入居した。ここで書かれたのが「日中国交四〇年に寄せて」[17]で、神戸新聞で二十年以上続いていた連載「清陰星雨」の二〇一二年九月二十八日に掲載されたものだ。著作の「あとがき」などをのぞけば、中井がゼロから執筆したおそらく最後の原稿である。

こののち執筆からは退くが、中井を訪れる友人知人は多く、インタビューや対談の依頼も絶えなかった。

これに拍車をかけたのが、二〇一三年秋の文化功労者受章である。施設の職員の手に余るということで、友人の紹介で秘書の浅ヶ谷内ひろみが定期的に通うことになり、中井を特集するムックや、対談や聞き書きをまとめた単行本が次々と出版された。

「こんなのを本にしてしまった、という思いが年々強まる。もうあまり目立つのが気恥ずかしいので新たに本を出すことはずいぶんと躊躇された」[18]という一文から始まるあとがきを書いている。中井の本意とは別に、世の中はなかなか引退を認めようとしなかった。

文化功労者が招かれた皇居のお茶会での出来事について記しておく。

円テーブル一つにつき受章者三名が座り、そこに皇室から二名ずつ交代して座ることになっている。中井と同席したのは詩人の吉増剛造と日本画家の上村淳之で、このとき中井は初めて皇后陛下（当時、以下同）より直接、阪神・淡路大震災での働きに対し、労《ねぎら》いのお言葉を賜った。日赤の名誉総裁だった皇后陛下は発災後すぐに「心のケアはどうなっていますか」と関係者に確認し、土居健郎を通じて状況を把握しようとした。

ＮＴＴから中井のもとに「あなたに東京までの回線を保証します、これは皇后陛下の仰せによるものです」と連絡を受けていたことが『「昭和」を送る』[19]のあとがきに記されているが、この配慮によって、中井の「電話番[20]」としての務めが円滑に行われたのである。

茶会の席では、被災地への見舞いには花がよいことや、犯罪被害者支援についても関心を示され、説明を行ったという。

その後、中井が自ら再び本づくりに向かうきっかけとなったのが、鹿児島のラグーナ出版との出会いだった。始まりは、図書新聞に掲載された「書評　東瀬戸サダエ『風の歌を聴きながら』[21]」である。

『風の歌を聴きながら』は昭和十三年、鹿児島の貧しい農家の八人きょうだいの末っ子に生まれ、二十二歳で神戸に出て働いていたときに統合失調症を発症、以後四十五年のうち延べ二十二年を精神科病棟で過ごした著者が、病棟での暮らしや友のこと、三回目の入院で出会った短歌について綴った自分史である。

中井は、「統合失調症は私の財産、人生とは最後まで生き抜くこと」と「腹をくくった」著者に、「ヒマワリの花のような「向日性」」と「人好きのするところ」を見て、「そういう資質を予想よりも多くの患者が秘めていて引き出されるのを待っているのではないだろうか」と書いた。

ラグーナ出版は二〇〇六年、精神疾患をもつ当事者の就労継続支援A型事業所として設立された出版社で、『風の歌を聴きながら』は「病の体験を言葉にして力に変えよう」という志のもと始まった出版事業初の単行本だった。

この書評をきっかけに、会長で精神科医の森越まやと社長の川畑善博は、患者とともに中井の言葉を読み、自らの体験を照らし合わせながら語り合い、それぞれ生き抜く力を学びとっていった。その試みを知った中井と患者たちとの交流は、「中井久夫と考える患者シリーズ」として結実する。

後日、鹿児島で患者たちの大歓迎を受けた中井は、一人ひとりの声に丁寧に耳を傾け、「がんばったね」「つらかったね」といい、求められれば握手に応じた。

「その場の空気は澄んで、「意識が自由に宙を漂う感じ」を実感した。先生は、面接で相手の心の底にある気持ちをくむことが大切といわれるが、皆の晴れやかな笑顔を見るうちに、患者たちも先生の気持ちをくんだのだと思った」[22]。森越はこの日について、そう回想している。

二〇一六年五月二十九日の日曜日、神戸市垂水区にある被昇天の聖母カトリック垂水教会で中井の洗礼式が行われた。

神父は「父と子と聖霊の御名によってあなたに洗礼を授けます」と唱えながら、中井の額に三度、聖水を注いだ。聖歌隊の声が響く中、車椅子に乗った中井はそっと両手を合わせ、頭を垂れていた。

この日は中井の二人の娘と秘書のほか、家族ぐるみで付き合いのある大学時代からの親友、故・村澤貞夫の妻、村澤喜代子とその長男で龍谷大学社会学部教授の村澤真保呂も同席していた。受洗希望者のための入門講座に付き添っていた喜代子によれば、なぜ洗礼を受けるのかという質問に、中井は一言、「驕りがあるから」と答えたという。

少年の頃、ヒュブリス（傲慢）がカトリックで大罪とされると聞き、「私も「ヒュブリス」とは無縁でありうるはずがない」[23]と自覚してきた中井にとり、神の前に立つことは必然であったのだろうか。

キリスト教との関わりについてさかのぼれば、母方の祖父・飯田真次にいきあたる。奈良県天理市の七代目油屋嘉衛門にあたる祖父は村で初めて自転車に乗ったり、村長をやったり、郵便局や銀行をつくったりと、地元の素封家として知られる存在だった。

中国や日本の古典に精通し、繰り返し読んだと思われる丘浅次郎の進化論の本を幼い中井に与えるなど、その博識ぶりは自分の比ではなく、いちばん影響を受けた人だったと中井はいう。この祖父が生前よく讃美歌をうたっており、「宣教師の影響を受けたことは間違いない」と筆者に語っている。

その娘である中井の母、ムツ（睦子）は米国聖公会が設立したミッションスクール、平安女学院の卒業生であり、毎夜のように枕元で聖書を読んでいた。聖書には四つ葉のクローバーがはさんであり、宣教師にもらったイエス・キリストの絵が描かれたカードは中井の宝物だった。

母はついぞ洗礼を受けることはなかったが、息子に傲慢を戒めたのは、母だったのかもしれない。「傲慢さを治すため」。中井は喜代子にそうも語ったという。

ただ、自我成立以前には祖父たちの中国古典、母の聖書からの言葉を受けているはずである。それは本以前のところで私を動かしているのではないかと折りに触れて思う。何かことある時に、その言葉が口をついて出ることがあるからである。私の出処進退を決める倫理的因子の中にそれがありそうである。[24]

なぜカトリックなのかという問いに対しては、「宗教のほうがぼくに声をかけてほしかったのかも」と謎めいた答えを筆者に返している。カトリックである理由はとくにない。プロテスタントでもよかった。ただ、カトリックには友人や恩師がいたと。

加賀乙彦からは、「きみは呼ばれてるんじゃないか」といわれた。カトリックになれとは一切いわない。でも、自分を待っていたのではないかと中井には思えた。

土居健郎に、「きみはカトリックだけど、それに気づいていないだけだ」といわれたこともあった。「あの人、暗示だけかけているんですね」。中井はそういって笑みを浮かべた。

オウム真理教事件の被疑者や、ＪＲ福知山線脱線事故のときにＪＲ西日本の職員の面談に携わったカトリックのシスター、高木慶子との交流もあった。高木の依頼で、加害企業として被害者やその家族の対応にあたっていたＪＲ職員たちに向けて講演をしたこともある。

「慶子さんは、ぼくに慰めの必要性があるとお感じになったようで、自分はこう考えるけれど、おかしいだろうかといわれた。いや、それは当然でしょうとお答えしたら、虚を突かれたようでした」

洗礼の相談をすると、高木が神父を二人、紹介してくれた。

喜代子によれば、入門講座に通い始めてからも洗礼を迷うことがたびたびあった。そんなときは、「お葬式をイメージしてください。先生、やっぱりすてきだわって、みんな思いますよ」と励ましたという。

垂水教会で記念撮影を終えて帰るバスの中、中井はみんなから質問攻めにあった。

「洗礼を受ける前と後で何か変わったことがありますか」

「昨日は雨だったけど、今日は止んだみたいな話ですなあ」

「聖餐のパンの味はいかがでしたか」

「まずくはないが、うまいもんではない」

「洗礼名のパウロはご自分で決めたんですか」

「そう」

「パウロはキリスト教最大の伝道者ですよね」

するのと、子どもの頃から息子のようにかわいがられてきた村澤真保呂がすかさずいった。

「先生も伝道の旅に出ないと。あ、いや、これまでもエクソシストみたいなことをしてきたから、あまり変わらないかなあ」

中井は、こいつ何いってんだという表情で目を大きく見開くと、にやりと口角を上げた。車中が笑いに包まれた。

ヒュブリスの罪と十字架——追悼・中井久夫

二〇二二年八月八日、第一報は知人の医師からのショートメールだった。いつかこの日がくると覚悟してはいたものの、いざ現実のものになると何をすればいいのかわからなくなる。とっさに中井久夫の担当だった二人の編集者と、中井の京都大学時代の親友の家族に連絡を入れた。

新聞が訃報を打つまでの約半日、親しかった人々はそれぞれ逝去を悼み、公になればもう手に入らない静けさの中で、記憶に刻まれた中井との時間をさかのぼったことだろう。筆者に連絡をくれた医師も、筆者が連絡を入れた編集者らも、それぞれ異なる媒体で追悼文やコメントを発表することになり、後日、その原稿を交換して互いに読みあった。

新型コロナウイルスによるパンデミックに見舞われなければ、通夜振る舞いの席で交わすやりとりのようなものであったかもしれない。他の人の話に自分が知らないエピソードを見つけては、思い出にこれまでとは違う色を加えていく。そんな時間は今も継続している。

最後に中井に面会したのは、二〇一九年七月の土曜。神戸市垂水区にある介護ホームへ、その二年前からみすず書房で刊行が始まった『中井久夫集』の最終巻である第十一巻が無事刊行されたことを報告するため訪ねたときだった。

全巻に解説を執筆するにあたり、たびたびここの談話室で中井の半生を聞き書きしてきた。それもようやく一段落という区切りでもあった。もちろん翌年からのパンデミックで面会が制限されるようになるとは思いもしない。結局その日が最後となった。

中井久夫には、二つの顔があったといわれる。一つは精神科医としての、もう一つは文学者としての。

逝去後いくつか出た追悼文のほとんどが、筆者のものも含め、精神科医としての功績に重点を置くものだった。統合失調症の回復過程を研究した「寛解過程論」であり、阪神・淡路大震災で被災した人々への「心のケア活動」である。

「分裂病に目鼻をつける」[1]ことを目的として、混沌とした精神の病の森に身を投じて半世紀あまり、発症時の際立つ症状にばかり目を奪われて記載された時代に、身体症状と精神症状を時系列で記したグラフを作成して患者の回復過程を縦断的に観察した中井の科学的思考は、「分裂病」[2]の理解に大きな気づきを与えた。

中井の観察とは、自らを客観的な立場に置いたままの一方的な観察ではない。日本で初めて中井が翻訳を手がけたアメリカの精神科医ハリー・スタック・サリヴァンのいう「関与しながらの観察」、すなわち、医師である自らが与える影響を含めた人間関係の中で理解しようとする姿勢である。

医師と患者の距離は非常に近い。待合室にいる患者を自ら呼びに行き、部屋に患者を招き入れる。睡眠や食事、便通を尋ね、脈をとり、体重を量り、顔色や舌の色、髪の艶や爪白癬を診る。初診では患者に顔を近づけて直接、眼底鏡で検査するなど、身体観察には重きを置いた。

診察中、何十分もの沈黙も恐れない中井の姿勢は、若い医師たちに驚きと戸惑いを与えた。中井は患者との対話の手がかりにさまざまな描画法を取り入れていたが、陪席した医師によれば、第三者がとても入り込めそうにない二人の世界を形成しているようだったという。

神戸大学医学部教授だった一九九五年には阪神・淡路大震災に見舞われ、精神科救急の活動拠点として、全国からやってくるボランティアの医師や看護師らを受け入れた。

「精神科病棟は、現代の精神医療が目に見える形をとったものでなければならない」[3]という理念のもと、中井が中心となって設計された第二病棟「清明寮」が完成し、患者を受け入れ始めて五か月後のことだった。

のちに「心のケア」と呼ばれる災害時の精神的ケアのあり方やＰＴＳＤへの対応などについて

多くの知見を発表し、兵庫県こころのケアセンターの初代センター長となった。

その実働部隊として災害や事件事故における精神科救急の最前線で活動してきた現・兵庫県こころのケアセンター長の加藤寛は、「中井久夫でなければあんなにたくさんの人が駆けつけなかっただろう。みんな、中井先生を助けなきゃという想いだった」[4]と回想している。

筆者は東日本大震災で心のケア活動に従事した兵庫県チームに同行して東北各地を取材した際、自分は中井久夫の弟子だと語る医療関係者が多いことに驚いた。関係性に濃淡はあれど、中井は出会う人一人ひとりに親しみを込めて声をかけ、知恵の泉の一滴を処方し、勇気を与えてきたのだろう。

人のつながりだけでなく、システムとしても、その仕事は受け継がれている。日本初の新型コロナウイルスのクラスターとなった豪華客船に派遣され、現在は厚生労働省委託事業となった災害派遣精神医療チームＤＰＡＴ（Disaster Psychiatric Assistance Team）もその一つで、源流をたどれば阪神・淡路大震災下で構築された中井を中心とするボランティアネットワークにいきつく。

臨床を退いてからも、患者やその家族との交流は続いた。晩年、中井と精神疾患をもつ患者との対話をまとめた「中井久夫と考える患者シリーズ」を刊行した、鹿児島のラグーナ出版会長で精神科医の森越まやによれば、この企画を依頼したとき、中井は「患者さんのお墨付きがもらえるんだね」と患者との共同作業を喜んだという。

中井は常々、「精神には自然回復力がある」といい、「本来統合失調症は、治りにくい病気ではなく、回復を妨害する要因が多い病気である」[5]と語ってきた。薬物治療が奏功し、統合失調症の軽症化がいわれるようになったが、ラグーナ出版で本を作るにあたって、中井は「私たちは、統合失調症の概念を作り替えねばなりません」「概念とは雲のように流れてきて形を変えるものですから」と語ったという。[6]

統合失調症の概念を作り替えねばならない——。森越に語った言葉から、中井の代表作の一つ、『分裂病と人類』を想起する人もいるのではないか。統合失調症と強迫症を文明史的な視点から論じた本書で、中井は、狩猟社会において分裂病親和性が強い人類が、農耕社会の到来で文明生活を送るようになり、職業生活における強迫性が「分裂病親和者」を異常としてはじき出すようになったのではないか、という仮説を呈示した。

「文明の病」「人類の病」という視点である。したがって統合失調症の人々がいなくならないのは、「人類とその美質の存続のためにも社会が受諾しなければならない税のごときもの」[7]ではないか——。

中井は弟子たちに繰り返し、「頭のてっぺんから足のつま先まで分裂病の人はいない」といい、神戸大の同僚だった山口直彦との共著『看護のための精神医学』においても、「「だれも病人でありうる、たまたま何かの恵みによっていまは病気でないのだ」という謙虚さが、病人とともに生きる社会の人間の常識であると思う[8]」と述べている。

誰もが病気になりうる存在であって、誰にでも自分の中に統合失調症の症状が一過性でも起きることがある。治療においては患者の健康な部分に光を当てて、そこを広げていけばいいと指導してきたという。

統合失調症の概念を作り替えるために、「もう一度闘いたい」と森越に語った中井の闘志はきっと、後進たちに受け継がれていくことだろう。

アメリカ精神医学会のＤＳＭという精神疾患の診断基準が日本にも導入された今、「自分の仕事が残るとすれば看護とケアの世界だろう」という中井の言葉を何度か耳にしたことがある。ラグーナ出版の働きと時を同じくして、フィンランドの心理臨床家ヤーコ・セイックラとトム・アーンキルが統合失調症の患者への対応から開発した「対話」によるケアの手法「オープンダイアローグ」が日本に紹介されたことは[9]、ケアの力を証《あかし》する重要な契機と捉えることはできないだろうか。

ところで、中井には二つの顔があると書いたが、それは二足のわらじを履いているというものではまるでない。

詩の翻訳やエッセイの執筆を多く手がけ、とくに神戸新聞に一九九〇年六月から不定期で連載された二二〇〇字のエッセイ「清陰星雨」は多くの読者に愛された。

論ずるテーマは、冷戦構造の解体や昭和天皇の死、大震災、オウム真理教、少年犯罪、老年社会など多岐にわたり、とくに子ども社会におけるいじめの進行過程を「孤立化」「無力化」「透明化」という三段階の政治的隷属化として分析した論文「いじめの政治学」[10]は、教育関係者に大きな影響を与えた。

中井と詩の関わりは精神医学よりずっと古く、戦後初の入学生となった旧制甲南高等学校時代までさかのぼる。ナチスを嫌って帰国しないドイツ人老教師にドイツ語の発音を鍛えられ、ニーチェやゲーテを暗唱させられた。

二人の国語教師からはリルケとエリオットとポール・ヴァレリーを学び、図書館に寄贈された九鬼周造の蔵書から教師の名前で原書を借りて筆写し、持ち歩いた。国文教授、北山正迪の影響はとくに大きかった。

同世代のパブリック・スクールの生徒はギリシャ・ラテン語が必修である。自分も同じように学ぼうとして趣味で集めていた切手を売ってラテン語の文法書を買い、当時出版されたばかりの独習書を使って古代ギリシャ語を学び、ギリシャ詩華集を暗唱しようとした。ギリシャ文学の勉強は京都大学法学部に入学してからも継続し、「そのまま行けば、ひそかにギリシャ文学を読む会社員か公務員になっていたであろう」[11]と記している。

結核を患い、休学して治療を受けたあと医学部に転入学したのを機にギリシャ語とギリシャ文学からは遠ざかるが、一九八四年十月に若い同僚の結婚式で祝婚歌を読もうとして本棚にエリティスの、エドマンド・キーリーによる英訳詩集を見つけたことが大きな転機となった。

巻頭に収められた「エーゲ海」はちょうどエリティスが友人の婚礼のときに作った祝婚歌のようで、これが「すらすらと日本語になった[12]」。読むうちに長年の渇きを満たしてくれるように予感し、現代ギリシャ詩の翻訳に惹きつけられていったという。

中井の広範な仕事について論じた、二人の文学者の文章をここで紹介したい。一人は詩人で比較文学者の君野隆久で、中井が翻訳を手がけたポール・ヴァレリーの『若きパルク／魅惑[13]』を大学院生の対話形式で次のように論じている。少し長くなるが引用する。

A　どんな人なの？

B　まさか知らないのかい？　神戸在住の精神科のお医者さんで、専門の精神医学の著作の他に、『現代ギリシャ詩選』や『カヴァフィス全詩集』を出して、カヴァフィスの訳詩では読売文学賞を受賞されている。現代ギリシャ語の詩を歯切れのいい日本語に移しかえていて、カヴァフィスの「イタカ」とか、エリティスの「狂えるザクロの樹」なんか個人的には好きだな。たくさんの精神医学関係の翻訳やエッセイ集以外にも、阪神大震災に関する重要な記録集・論文集を二冊編纂・執筆されている。看護師をめざす人のための精神医学の教科書があるんだけど、それもすごくおもしろいよ。

A　相当のポリグロットのようね。茂吉とか杢太郎に連なるような、文人型のお医者さんなのかしら。

B　もし「二足のわらじを履いている」人、と考えるなら、それはぜんぜん違っているような気がする。著作集に収められた統合失調症の寛解過程や発症過程についての論文を読むと、もし「見えないもの」を「見えるもの」にするのがことばの、そして文学というもののはたらきの核心にあるとするなら、そういった論文こそ第一級の文学、本当に希有の散文になっていると思う。失調であれ、震災であれ、詩であれ、対象が変わっても、ことばのはたらきは変わらない[14]。

もう一人の文学者とは、朝日新聞の読者投稿欄「声」に「救われた　中井久夫先生の助言[15]」という四百字ほどの追悼文を投稿した、イギリス文化研究者の中島俊郎である。

神戸大学を退官した後に中井を招聘した甲南大学で古今東西の詩を分析、解釈する研究会「環境における言語活動」を立ち上げたときに中井に代表になってもらったところ、「詩の技法などよりも詩の魂がいかに生まれてくるかをたえず問題にされた。「詩の魂は身体のなかで大切にしていると大きく育っていきますよ」と詩を繰り返し読む大切さを説かれた」という。

そもそも中井がヴァレリーの『若きパルク／魅惑』の翻訳本を出すときに協力したことがきっかけで意気投合した。ヴァレリーは本歌取りの多い詩人だから、イギリス詩の影響を究明しないといけないと中井は考えていた。ウィリアム・ブレイクやシェイクスピアなど、三つ四つは中井も気づいていたが、シェリーはどうか。

「中井先生の親友で、ぼくの上司にあたる枡矢好弘先生を通して調査を頼まれましてね。半年近くかかっていろんな本を調べて、一覧表にして差し上げたのがきっかけでした。

そのあと文学の抜き刷りみたいなものをくださったのに対して、同じぐらいの量で感想文をお送りしたらすごく感激されて、長い長い手紙をくださった。それからいっぺんに仲良くなって、文学の話をするようになったのです。

ぼくがオックスフォード大学に研究に行ったときも、超長文のエアメールを何度もくださいまして、これを調べてほしいとあると、ボドリアンライブラリーですぐに調べてお送りしました。疑問に答える通信員みたいな役割でしたね」

中島は阪神・淡路大震災のとき、母を亡くした。ひと月ほど経った頃、悲嘆に暮れる中島に対し、中井は、「泣くときは涙がかれるまで泣きなさい。余裕ができたら好きな詩を何度も愛唱しなさい」と言葉をかけたという。

「好きな時に好きなだけ好きな詩を読みなさい、というのが中井先生の教えでした。何回か仕事をご一緒しましたけど、とにかく速い。外国語も外国語と思わない。英語の正確さも、引用の美しさも忘れがたいものでした。

ナイチンゲール伝を書いたエドワード・クックの「Charm of Greek Anthology」[16]（ギリシャ詩歌集を編む愉しみ）というエッセイのコピーを差し上げたら、ものすごく喜ばれましてね。これなんや、こういうのなんやって。

たとえば、「ジョンソンは晩年の精神病のために眠れぬ夜を過ごす折、ギリシャ語のエピグラムをラテン語に翻訳して気晴らしをしていた」という一節を指して、具体的に教えてくださいと依頼されました。ジョンソンは医師に病状を伝えるとき、お互いラテン語でやりとりしていたと伝えると、中井先生はまさしく思った通りだという表情をされました。

自己の閉塞感を打ち破るためなのでしょうか、中井先生は海の詩人が好きなんですね。海のもつ開放感でしょうか。古代の栄光はいずこというか、過酷な政治状況にあるギリシャという国にあって立ち上がろうとする詩人たちに、おそらくご自身を重ねておられたのではないかと思うのです。ヴァレリーも海の詩人ととらえていますね」

二人の文学者の言葉にふれて思い出すのは、患者との対話になぜ描画が有効なのかを質問したときの中井の答えである。

言葉はどうしても建前に傾きやすいですよね。善悪とか、正誤とか、因果関係の是非を問おうとする。絵は、因果から解放してくれます。メタファー、比喩が使える。それは面接のとき、クライエントの中で自然に生まれるものです。絵はクライエントのメッセージなのです。ソーシャル・ポエトリーといって、絵を描いていると、たとえば、この鳥は羽をあたためていますね、といったメタファーが現れます。普通の会話ではメタファーはない。絵画は言語を助ける添え木のようなものなんですね。言語は因果律を秘めているでしょう。絵にはそれがないんです。だから治療に威圧感がない。絵が治療しているというよりも、因果律のないものを語ることがかなりいいと私は思っています。[17]

いずれも拙著『セラピスト』において、中井が考案した風景構成法などの絵画療法を筆者がクライエントとなって受けたときの言葉である。因果関係を結ばないことがなぜいいのか、中井はこうも語っている。

因果関係をつくってしまうのはフィクションであり、ときに妄想に近づきます。そもそも人間の記憶力は思い出すたびに、不確かなところを自分でつくったもので埋めようとする傾向があるので、それがもっぱら働き出すと思いつくものが次々とつながっていく。一事が万事ということもありますし、質問するときに使うせりふを自分に向けたりもします。誰かが私のうわさをしているかもしれない。誰かに追いかけられているかもしれない。それがたとえば公安に結びついて、公安に尾行されている、と思ってしまう。

私の考えでは、妄想というのは統合失調症の人の専売特許ではなくて、自分との折り合いの悪い人に起こりやすいかなあ。ほかのことを考えるゆとりがないとか、結論をすぐ出さなきゃいけないというときです。でも恐怖がなくなると、妄想はかさぶたのようにはがれていきます。語られなくなる。たとえば今、この部屋にはヒーターの音がしていますけれど、あれが周期的に人の声に聞こえても不思議ではない。でも恐怖がなければなんということはないのです。[18]

拙著では中井のそんな言葉を受け取りながらも、地の文では自分の描いた絵を因果で必死に説明しようとしている筆者自身の姿に気づかされるが、実際の治療場面ではメタファーを用いた対話があるのみである。それは積年の因果の鎖を解く作用をもたらすものであるという。

君野の本は、中井の勧めで取り寄せて読んだ。中井が勧めるということは、君野を自身の理解者と感じていたということだろう。

同書には先に引用したやりとりのほか、「「音韻」の基底にある身体感覚まで意識して訳詩を作ろうとしていることはまちがいない」「訳者は精神医学でヴァレリーを理解したんじゃなくて、むしろその逆だったのではないか」といったやりとりもある。[19]

『ヴァレリー全集』の鈴木信太郎の訳詩と比較するくだりでは、「詩の意味」を理解するには鈴木訳で十分かもしれないが、中井の新訳は「詩というできごと」「この一篇の詩の中で、何が起きているか」に焦点をあてていると語る院生Aに対し、院生Bはこう返している。

うん、うまく言ってくれたような気がする。「この詩がわかる、わからない」とよく言うけれど、やっぱりそれだけでは皮相な物言いで、その奥に、「この詩ではいったい何が起こっているのか」ということに対する理解と感受がなければ詩を読むのも新聞を読むのもあまり変わらない。「わからないけれど感受できる」という状態だってあるわけだ。「何が起きているのか」――言ってみれば、ヴァレリー詩の「できごと性」を浮き彫りにしようとする点に、この訳書の最大の価値があるのではないか。[20]

中井には、詩文の世界に年の離れた友もいた。のちに中井訳『リッツォス詩選集』に解説を寄せる谷内修三は、『カヴァフィス全詩集』の「豊かな音楽性に衝撃を受け」、「雅語、和語、漢語、俗語が自在に交錯し、声の変化のなかにドラマを感じ」たという。[21]

二十年にわたる文通だけの関係であったところから、やがてリッツォスでの共同作業につながっていく。筆者は詩文の世界に明るくないが、君野や谷内の仕事を紹介するときの中井の横顔に、控えめではあるけれど、我が意を得たりの微笑みを垣間見た気がした。

ここでもまた具眼の人の言葉を借りるが、詩人で作家の松浦寿輝は、精神科医の斎藤環との対談で中井の仕事を振り返り、次のように語っている。

ところで、ミシェル・フーコーは、死ぬ前の最後の講義で、二年間にわたって「パレーシア」という概念を検討していますね（『自己と他者の統治』『真理の勇気』、ともに筑摩書房）。パレーシアとは真理を述べることです。ある瞬間に立ち上がって、死の危険さえ賭しつつ、勇気をもって真実を口にするという、そういう身ぶりのことなんです。フーコーは克明な分析を行い、古代ギリシアにおいて真理を陳述するという行為には、四つの形態ないし様式があったとしています。その四つとは、「預言を語る預言者」「知恵を語る賢者」「テクネーを語る教育者ないし技術者」、そして最後に「勇気をもってパレーシアを実践するパレーシアステース」です。

　預言者、賢者、教育者ないし技術者、そしてパレーシアステース。中井久夫とは、これら四つの様態すべてを一身に体現した稀有な書き手なのではないか。そういうイメージを僕は持っているんです。[22]

　これに対して斎藤は、中井が京都大学ウイルス研究所にいた頃にペンネームで日本の医局制度を批判的に論じた『日本の医者』を挙げ、とくに同書の「抵抗的医師とは何か[23]」の章にある「ゲリラの四原則」について、「荒廃した組織に不本意ながらとどまるすべての若者に、気高い初心を自虐に変換せずに踏みとどまるための勇気を与えてくれる感動的な一節です。このあたりが、まさに今おっしゃったパレーシアの態度かなと思いました」と語っている。

　阪神・淡路大震災における活動について、中井自身は「私がしたことは、電話番であった」「われわれの対災害キャンペーン[24]」などと自嘲気味に回想しているが、松浦は「ある瞬間に臆することなく立ち上がり、真理のために身を挺する。彼のそういう行動力を僕は心から尊敬しています」と述べている。

神戸連続児童殺傷事件や大阪教育大学附属池田小学校事件、ＪＲ福知山線脱線事故などの事件事故が関西で相次いだ頃、その被害者や遺族のケアにあたっていた神戸大学時代の教え子の加藤寛と岩井圭司が、「ひょうご被害者支援センター」の発起人の一人として中井に理事長就任を依頼したときのこと。資金がなかなか集まらずに困っている様子を見て、中井は同門の医師らに手紙を書いて寄付を募ったという。そんなことをしたのは生涯初めてだと語ったというが、これもまた知の世界に留まらず行動するパレーシアな姿勢といえるだろう。

意気に感じるというのか、大震災のときに最前線でボランティアの調整を担った助手の安克昌をはじめとする若手医師たちに対しても、ラグーナ出版の森越に対しても、犯罪被害者支援センターの加藤や岩井に対しても、後進が志をもって立ち上がろうとするとき、その背中を押すだけでなく、自らも共に立ち上がろうとする。

中井は「みすず」一九八〇年三月号の神谷美恵子追悼特集に寄せた「精神科医としての神谷美恵子さんについて」という追悼文で、神谷は「頼まれれば人に尽さずにおれない人であったと聞く」と書いているが[25]、中井自身がまさにそういう人だった。

ハンセン病患者のために生きた神谷を悼むこの文章を読むと、筆者には中井本人が重なってしかたがないのだが、神に捧げたかどうかは別として、神谷と同様、中井の生涯も「Sacrificium intellectus　知性を犠牲として神にささげること」に近いものであったと思う。

二〇二二年八月十二日、神戸市垂水区にある被昇天の聖母カトリック垂水教会で葬儀ミサが営まれた。中井訳の詩の朗読を録音した音源が響く聖堂で、かつての同僚だった親しい医師や元秘書らによる花入れの儀が行われ、それぞれに別れの挨拶をした。

六年前、筆者はここで中井の洗礼式に立ち会っている。受洗予定者が通う教会の入門講座に付き添っていた中井の親友、村澤貞夫の妻・喜代子がなぜ洗礼を受けるのかと問うたところ、「驕りがあるから」と答えたことは既述のとおりである。

以来折にふれ、筆者はこの言葉の意味を考えていた。思い返せば、「驕り」とは、筆者が雑誌の取材で初めて会ったときからすでに中井が口にしていた言葉だった。医業の傍ら、詩の翻訳に取り組むようになったのはなぜかと尋ねる私に、中井はこう答えていた。

フリーダ・フロム゠ライヒマンという精神科医が警告していることなのですが、大事なのは、治療の成否に自尊心やプライドを置かないということでしょう。自分のプライドを高めるために他人を利用していることですから、私は実感をもって、これを肯定しますね。フリーダは、ほかのなんでもいいからプライドの置き場所を見つけるべきだともいっていますが、私の文学的な仕事は結果的にその役に立っているのかもしれません。やまいだれの字ばかり書いているのに倦んだのでしょう。山とか海とか、花という字も書きたいということでしょうか。[26]

幼い頃、カトリックで「ヒュブリス（傲慢）」が最大の罪と聞き、「私も「ヒュブリス」とは無縁でありうるはずがない」[27]と考えてきた。

古代ギリシャから中世の魔女狩り、市民社会の成立までの流れを軸に、ヒポクラテスからフロイトまでをその宗教史や倫理観も交えて多角的に論じた『西洋精神医学背景史』においては、魔女狩りを最初期に糾弾したオランダの医師ヨハン・ワイヤーの抗議についてとりあげ、こう書いている。

今日、進歩・蒙昧の文脈でとらえられているのとはいささか異なり、その抗議「魔女狩りにくみするもの、特に医師にしてそうであるものは、医師（あるいは人間）として謙抑の美徳を忘れ、人が人を審くという傲慢（ヒュブリス）の罪を犯している」という文脈において行なったというほうがより真相に近いだろう。[28]

中井が精神科を選んだ理由の一つは、研修医時代に各科をまわる中で、唯一、回復して退院していく患者に会ったからだと語っていた。

「西欧が——おそらくその傲慢（ヒュブリス）によって——acculturation（文化同化）と呼ぶものが、精神医療に及んだ結果」[29]である精神医学の世界に足を踏み入れた一人の精神科医として、また、そうでなくとも感謝や尊敬の対象とされることの多い医業に身を置く者として、中井がまるで自らの十字架のようにヒュブリスを語っていたことに、改めて気づかされる。

神谷美恵子の訃を知ったとき、中井は、「夭折した人を惜しむ気持」にきわめて近い感情を抱いたと先の追悼文で書いている。

ヒュブリスが跋扈し、世界を分断する今、多くの後進が、中井の神谷に対するのとほとんど同じ気持ちで中井の不在を惜しみ、悼んでいるだろう。願わくば、その遺志がいつまでも現場の働きの中に受け継がれんことを——[30]。

注

第一章

1 飯田真・中井久夫『天才の精神病理』中央公論社、一九七二。
2 「病跡学の可能性」(一九八二)、『中井久夫集1』みすず書房、二〇一七、二九二頁。
3 「私に影響を与えた人たちのことなど」(一九九一)、『中井久夫集4』二〇一七、四六頁。
4 「ある臨床心理室の回顧から」(一九九二)、『中井久夫集4』一〇二頁。
5 河合隼雄『心理療法対話』岩波書店、二〇〇八。
6 「河合隼雄先生の対談集に寄せて」(二〇〇八)、『中井久夫集10』二〇一九。
7 同前、七二頁。
8 最相葉月『セラピスト』新潮文庫、二〇一六、二六九頁。
9 「河合隼雄先生の対談集に寄せて」、同前、七三頁。
10 「ある臨床心理室の回顧から」、同前、一〇四頁。
11 「精神分裂病者の言語と絵画」(一九七一)、『中井久夫著作集1巻　精神医学の経験　分裂病』岩崎学術出版社、一九八四、八頁。
12 『私の日本語雑記』岩波書店、二〇一〇。
13 「統合失調症者の言語――岐阜精神病院での講演」(一九八一)、『「伝える」ことと「伝わる」こと』

ちくま学芸文庫、一四二頁。
14　「精神分裂病者の言語と絵画」、同前、五頁。
15　同前、七頁。
16　「河合隼雄先生の対談集に寄せて」、同前、七三頁。
17　最相葉月、同前、二八六頁。
18　「芸術療法学会の二十五年」（一九九四）、『隣の病い』ちくま学芸文庫、二〇一〇、一二七頁。
19　『最終講義　分裂病私見』みすず書房、一九九八、八頁。
20　「統合失調症者における「焦慮」と「余裕」」（一九七六）、『中井久夫集1』、八三頁。
21　『中井久夫共著論集　分裂病／強迫症／精神病院』星和書店、二〇〇〇、四頁。
22　「ある臨床心理室の回顧から」、同前、一〇一、一〇二頁。
23　『統合失調症の有為転変』「あとがき」みすず書房、二〇一三、三一七頁。
24　「ある臨床心理室の回顧から」、同前、一〇四頁。
25　「井村恒郎先生」（一九八一）、『中井久夫集1』、二四七頁。
26　『サリヴァン、アメリカの精神科医』みすず書房、二〇一二、二六九頁。
27　「世に棲む患者」（一九八〇）、『中井久夫集1』、二一五頁。
28　「働く患者」（一九八二）、『中井久夫集1』、二六一頁。
29　『日本の医者』日本評論社、二〇一〇、三〇六頁。
30　『甘えの構造』弘文堂、一九七一。
31　「批評空間」第三巻一号、太田出版、二〇〇一、五四頁。
32　「青木典太先生のこと」（二〇〇九）、『中井久夫集11』二〇一九、八七―八八頁。
33　木村敏『精神医学から臨床哲学へ』ミネルヴァ書房、二〇一〇、一八六頁。

34 中井久夫・山中康裕編集『思春期の精神病理と治療』岩崎学術出版社、一九七八。

第二章

1 「関係念慮とアンテナ感覚」(一九八六)、『中井久夫集2』二〇一七、二二七頁。
2 座談会「討議　最相葉月さんを囲んで『セラピスト』をセラピストたちが読む」での発言。「飢餓陣営せれくしょん3　セラピーとはなにか」言視舎、二〇一五。
3 「私の外来治療」(一九九三)、『中井久夫集4』、一九二頁。
4 同前。
5 「家族の表象」(一九九一)、『中井久夫集2』、二〇頁。
6 初版刊行一九八二、『新版・精神科治療の覚書』日本評論社、二〇一四。
7 「治療文化と精神科医」(一九八六)、『中井久夫集2』、二三六頁。
8 「一精神科医の回顧」(二〇〇一)、『中井久夫集7』二〇一八、二三五頁。
9 「『分裂病と人類』について」(二〇〇〇)、『中井久夫集7』、一一〇頁。
10 「神戸の額縁」(一九八四)、『中井久夫集2』、八〇頁。
11 『中井久夫著作集5巻』「まえがき」岩崎学術出版社、一九九一、i頁。
12 「精神科医からみた子どもの問題」(一九八六)、『中井久夫集2』、二五六頁。
13 「精神科医の「弁明」——社会変動と精神科の病を論じて」(一九八七)、『中井久夫集2』、二九〇頁。
14 『治療文化論——精神医学的再構築の試み』江口重幸解説、岩波現代文庫、二〇〇一、二四七—二四八頁。

15　「あとがき」、同前、二二三頁。
16　同前、二三二頁。
17　『私の日本語雑記』、同前、一四四頁。
18　『治療文化論』「あとがき」、同前、二二九頁。
19　同前。
20　一九八五年刊。
21　一九八七年から刊行される、土居健郎ほか責任編集『異常心理学講座』のこと。中井は9巻『治療学』（一九八九）に「分裂病の精神療法――個人的な回顧と展望」を執筆。
22　一九八六年十一月三日。

第三章

1　コンスタンディノス・カヴァフィス、中井久夫訳『カヴァフィス全詩集』みすず書房、一九八八、第二版一九九一、新装版一九九七。
2　ヤニス・リッツォス、中井久夫訳『リッツォス詩選集』作品社、二〇一四。
3　谷内修三、同前、二〇八頁。
4　「私の人生の中の本」（一九九九）、『中井久夫集7』、二八頁。
5　「私の人格形成期の言語体験」、『私の日本語雑記』同前、一三八頁。
6　Stephen Light, Shūzō Kuki and Jean-Paul Sartre: *Influence and Counter-Influence in the Early History of Existential Phenomenology* (Southern Illinois University Press 1987).
7　「世界における索引と徴候」（一九九〇）、『中井久夫集3』二〇一七、二一八頁。

8 「私と現代ギリシャ文学」（一九九一）、『中井久夫集3』、三〇七頁。
9 同前。
10 『分裂病と人類』東京大学出版会、一九八二。新版二〇一三。
11 「統合失調症の精神療法」（一九八九）、『中井久夫集3』、一〇二頁。
12 二〇〇二年にみすず書房より刊行。
13 「「昭和」を送る」（一九八九）、『中井久夫集3』。
14 朝日新聞二〇一三年八月四日朝刊。
15 「「昭和」を送る」、同前、一五四頁。

第四章

1 「統合失調症の陥穽」（一九九二）、『中井久夫集4』、六七頁。
2 同前、七四頁。
3 「シナプスの笑い」三三号、ラグーナ出版、二〇一七、五五頁。
4 初出は『現代精神医学大系　1A〈精神医学総論1〉』中山書店、一九七九。
5 「一夜漬けのインドネシア語」（一九九二）「ハンガリーへの旅から」（一九九二）「ある少女」（一九九三）「オランダの精神科医たち」（一九九三）「霧の中の英国経験論」（一九九四）の五編は『中井久夫集4』に所収。
6 『西欧精神医学背景史』あとがき、みすず書房、一九九九、新装版二〇一五、二三四頁。
7 同前。
8 当時、名古屋市立大学病院院内講師。

9 「Y夫人のこと」（一九九三）、『中井久夫集4』。
10 「私に影響を与えた人たちのことなど」（一九九一）、『中井久夫集4』。
11 「精神科医がものを書くとき」（一九九一）、『中井久夫集4』、五頁。
12 岩井圭司「中井久夫先生を悼む」、『臨床精神病理』四三巻、星和書店、二〇二二、二九一頁。
13 同前、二九二頁。
14 「岩波現代文庫版に寄せて」、『治療文化論』、同前、二四〇頁。
15 「精神病棟の設計に参与する」（一九九三）、『中井久夫集4』。
16 「危機と事故の管理」（一九九三）、『中井久夫集4』、二六〇頁。

第五章

1 『サリヴァン、アメリカの精神科医』みすず書房、二〇一二。
2 「執筆過程の生理学」（一九九四）、『中井久夫集5』二〇一八。
3 初出は「みすず」一九九五年二月号。三月刊行の『1995年1月・神戸――「阪神大震災」下の精神科医たち』みすず書房、一九九五に増補のうえ収録。
4 『災害がほんとうに襲った時』「あとがき」、みすず書房、二〇一一、一三三頁。
5 『昨日のごとく』「あとがき」、みすず書房、一九九六、三三二頁。
6 『中井久夫集5』所収。
7 ビヴァリー・ラファエル、石丸正訳『災害の襲うとき』みすず書房、一九八九、新装版二〇一六。
8 「阪神・淡路大震災後八カ月目に入る」（一九九六）、『中井久夫集5』、二七七頁。
9 同前。

10 のちに単行本化。安克昌『心の傷を癒すということ』作品社、一九九六。
11 同前、増補改訂版二〇一一、四七頁。
12 同前、六七頁。
13 加藤寛・最相葉月『心のケア――阪神・淡路大震災から東北へ』講談社現代新書、二〇一一、一〇七頁。
14 「災害がほんとうに襲った時」、『中井久夫集5』、一〇三頁。
15 同前、一一八頁。
16 「阪神・淡路大震災のわが精神医学に対する衝迫について」(一九九六)、『中井久夫集5』、三三四頁。
17 「阪神大震災に思う」(一九九五)、『中井久夫集5』、一七〇頁。
18 「これは何という手か」(一九九五)、『中井久夫集5』、二九二―二九三頁。

第六章

1 「いじめの政治学」(一九九七)、『中井久夫集6』、二〇一八。
2 みすず書房、一九九七。
3 『いじめのある世界に生きる君たちへ――いじめられっ子だった精神科医の贈る言葉』中央公論新社、二〇一六。
4 高宜良・住野公昭・高谷育男・内藤あかね・中井久夫・永安朋子『中井久夫共著論集　分裂病/強迫症/精神病院』星和書店、二〇〇〇。
5 同前、iv頁。

6　同前、v頁。
7　同前、viii頁。
8　同前、ix頁。
9　最終講義の録画を参照。協力／ギャラリー島田、山口穂波。
10　「一九九六年一月・神戸」（一九九六）、『中井久夫集6』。
11　ジュディス・L・ハーマン、中井久夫訳『心的外傷と回復』みすず書房、一九九六、増補版一九九九。
12　『心的外傷と回復　増補版』「訳者あとがき」、四〇七頁。
13　同前、小西聖子「解説」、四〇一頁。
14　「詩を訳すまで」（一九九六）、『中井久夫集6』、一八三頁。
15　「記憶について」（一九九六）『中井久夫集6』、一〇〇頁。
16　同前。
17　同前。
18　同前、九九、一〇〇頁。
19　『アリアドネからの糸』「あとがき」、みすず書房、一九九七、三六八頁。

第七章

1　みすず書房、二〇〇一。
2　『エランベルジェ著作集1　無意識のパイオニアと患者たち』みすず書房、一九九九、『エランベルジェ著作集2　精神医療とその周辺』みすず書房、一九九九、『エランベルジェ著作集3　精神医学

／犯罪学／被害者学――西欧と非西欧』、みすず書房、二〇〇〇。
3　H・F・エレンベルガー、木村敏・中井久夫監訳『無意識の発見――力動精神医学発達史』上下、弘文堂、一九八〇。
4　『西欧精神医学背景史』「あとがき」、同前、二三六頁。
5　『エランベルジェ著作集1』、ii頁。
6　「いろいろずきん考」（一九九九）、『中井久夫集7』。
7　アンリ・F・エランベルジェ、中井久夫訳・画『いろいろずきん』みすず書房、一九九九。
8　『西欧精神医学背景史』「あとがき」、同前、二三六頁。
9　「災害と日本人」（一九九九）、『中井久夫集7』。
10　「こころのケアセンター」編『災害とトラウマ』みすず書房、一九九九。
11　肩書きはいずれも当時のもの。
12　中村江里『戦争とトラウマ――不可視化された日本兵の戦争神経症』吉川弘文館、二〇一八、など。
13　「終戦から67年目にみる沖縄戦体験者の精神保健」沖縄戦トラウマ研究会、二〇一三、など。
14　「トラウマとその治療経験」（二〇〇〇）、『中井久夫集7』、一七〇―一七一頁。
15　「災害と日本人」、『中井久夫集7』、八五頁。
16　「高学歴初犯の二例」（二〇〇一）、『中井久夫集7』。
17　「ある家裁調査官と一精神科医」（二〇〇二）、『中井久夫集7』、二八八頁。
18　「犯罪の減少と少年事件」（二〇〇〇）、『中井久夫集7』、二〇八―二〇九頁。
19　「医学・精神医学・精神療法は科学か」（二〇〇二）、『中井久夫集7』。
20　安克昌『増補改訂版　心の傷を癒すということ――大災害精神医療の臨床報告』作品社、二〇一一、四二一頁。

21　岩崎学術出版社、二〇〇〇。
22　「安克昌先生を悼む」（二〇〇〇）、『中井久夫集7』、二三三頁。
23　フランク・W・パトナム、中井久夫訳『解離　若年期における病理と治療』みすず書房、二〇〇一、新装版二〇一七。

第八章

1　「村澤貞夫を送る」（二〇〇四）、『中井久夫集8』二〇一八。
2　「精神科医がものを書くとき」、『中井久夫集4』、一、二頁。
3　「村澤貞夫を送る」、同前、二八六頁。
4　「統合失調症とトラウマ」（二〇〇二）、『中井久夫集8』。
5　「外傷神経症の発生とその治療の試み」（二〇〇二）、『中井久夫集8』、八七頁。
6　エイブラム・カーディナー、中井久夫・加藤寛訳『戦争ストレスと神経症』みすず書房、二〇〇四。
7　「「統合失調症」についての個人的コメント」（二〇〇二）、『中井久夫集8』。
8　村澤真保呂・村澤和多里『中井久夫との対話』河出書房新社、二〇一八、一一四頁。
9　ひょうご被害者支援センター「ニュースレター」VOL．1、二〇〇三年二月二八日。
10　『徴候・記憶・外傷』「あとがき」、みすず書房、二〇〇四、三九二頁。
11　中井久夫・山口直彦『看護のための精神医学』医学書院、二〇〇四、六頁。
12　「「踏み越え」について」（二〇〇三）、『中井久夫集8』。
13　『徴候・記憶・外傷』「あとがき」、同前、三九三頁。
14　「「踏み越え」について」、同前、一四三頁。

15 同前。
16 「外傷神経症の発生とその治療の試み」、同前、七九頁。
17 『徴候・記憶・外傷』「あとがき」、同前、三九三頁。
18 「精神医学および犯罪学から見た戦争と平和」（二〇〇三）、『中井久夫集8』、一三二頁。
19 「今にして戦争と平和」（二〇〇二）、『中井久夫集8』、七六頁。
20 「「踏み越え」について」、同前、一六〇頁。

第九章

1 『戦争と平和　ある観察』人文書院、二〇一五、増補新装版二〇二二、一一三頁。
2 「これらの切れ端を私は廃墟に対抗させた」（二〇〇五）、『中井久夫集9』二〇一九、一四九頁。
3 『樹をみつめて』「あとがき」、みすず書房、二〇〇六、二五五頁。
4 同前、一八頁。
5 「吉田城先生の『「失われた時を求めて」草稿研究』をめぐって」（二〇〇七）、『中井久夫集9』、三〇八頁。
6 「戦争と平和についての観察」（二〇〇五）、『中井久夫集9』、四九頁。
7 初出はシンポジウム全体をまとめた『埋葬と亡霊』人文書院、二〇〇五。
8 「戦争と平和についての観察」、同前、七頁。
9 同前、六頁。
10 加藤陽子『それでも、日本人は「戦争」を選んだ』朝日出版社、二〇〇九。
11 「戦争と平和についての観察」、同前、四八頁。『戦争と平和　ある観察』増補新装版、同前、六一頁。
12 『戦争と平和　ある観察』増補新装版、同前、一五六―一五七頁。
13 同前、一二一―一二二頁。
14 「私の人生の中の本」『中井久夫集7』、二四―二五頁。
15 『いじめのある世界に生きる君たちへ』、同前、七三頁。
16 「日本社会における外傷性ストレス」(二〇〇五)、『中井久夫集9』。
17 同前、七七頁。
18 同前。
19 『日時計の影』「あとがき」、みすず書房、二〇〇八、三二八頁。
20 同前、三三〇―三三一頁。
21 『こんなとき私はどうしてきたか』医学書院、二〇〇七。
22 同前、四二頁。
23 同前、五四頁。
24 同前、五六頁。
25 同前、六六頁。
26 「あとがきにかえて」同前、二二七頁。
27 「神田橋先生のいる風景」(二〇〇七)、『中井久夫集9』、二五〇頁。
28 『中井久夫著作集　第II期　精神医学の経験』岩崎学術出版社、一九九一。

第十章

1　『Ｖｏｉｃｅ』二〇〇七年十一月号、ＰＨＰ研究所。
2　『あなたはどこまで正常か』三一書房、一九六四。
3　『臨床瑣談』「まえがき」、みすず書房、二〇〇八、一頁。
4　「ガンを持つ友人知人への私的助言」(二〇〇七)、『中井久夫集10』。
5　同前、五一頁。
6　「ＳＳＭ、通称丸山ワクチンについての私見」(二〇〇八)、『中井久夫集10』。
7　同前、一一四頁。
8　同前、一〇八頁。
9　「認知症に手さぐりで接近する」(二〇〇八)、『中井久夫集10』、一六八頁。
10　「認知症の人から見た世界を覗いてみる」(二〇〇八)、『中井久夫集10』。
11　同前、一八四―一八五頁。
12　『中井久夫集7』所収。

第十一章

1　中井久夫監修・解説『中井久夫と考える患者シリーズ4　統合失調症と暮らす』ラグーナ出版、二〇一八、二五二―二五三頁。
2　村瀬嘉代子『柔らかなこころ、静かな想い――心理臨床を支えるもの』創元社、二〇〇〇。
3　藤川洋子『わたしは家裁調査官』日本評論社、一九九六。

4　最相葉月『セラピスト』新潮社、二〇一四、新潮文庫、二〇一六。
5　中井久夫「風景構成法」『新版　精神医学事典』弘文堂、一九九三、六九四頁。
6　「非言語的アプローチの活かし方」(二〇〇九)、『中井久夫集11』、七六頁。
7　「SSM、通称丸山ワクチンについての私見」『中井久夫集10』、一一四頁。
8　「患者と医師と薬とのヒポクラテス的出会い」(二〇一〇)、『中井久夫集11』、一六七頁。
9　同前、一七三―一七四頁。
10　「病棟深夜の長い叫び――ジル症候群」(二〇一〇)、『中井久夫集11』。
11　「在宅緩和ケアに関与する」(二〇一一)、『中井久夫集11』。
12　同前、二三七頁。
13　同前、二三九頁。
14　「東日本巨大災害のテレビをみつつ――二〇一一年三月一一日―三月二八日」(二〇一一)、『中井久夫集11』。
15　同前、二五八頁。
16　青土社、二〇一一。
17　「日中国交四〇年に寄せて」(二〇一二)、『中井久夫集11』。
18　『戦争と平和　ある考察』「あとがき」、同前、二七五頁。
19　『「昭和」を送る』「あとがき」、みすず書房、二〇一三、三一七頁。
20　「災害がほんとうに襲った時」『中井久夫集5』、一一八頁。
21　「図書新聞」二〇一〇年二月十三日。「書評　東瀬戸サダエ『風の歌を聴きながら』」『中井久夫集11』。
22　『中井久夫と考える患者シリーズ3　統合失調症は癒える』ラグーナ出版、二〇一七、一〇―一一頁。

23 「病棟深夜の長い叫び——ジル症候群」、同前、二〇二頁。
24 「私の人生の中の本」『中井久夫集7』、三〇頁。

ヒュブリスの罪と十字架——追悼・中井久夫

1 『最終講義　分裂病私見』一九九八、八頁。
2 二〇〇二年に統合失調症に名称変更。
3 「神戸大学医学部附属病院　第二病棟「清明寮」の開設について」(一九九四)、『隣の病い』ちくま学芸文庫、二〇一〇、一一五頁。
4 「現代思想」(青土社)二〇二二年十二月号、中井久夫追悼号のための筆者との対談で。
5 中井久夫監修・解説『中井久夫と考える患者シリーズ1　統合失調症をたどる』ラグーナ出版、二〇一五、四頁。
6 森越まや「中井先生と雲とブータン」「シナプスの笑い」四八号、ラグーナ出版、二〇二一。
7 『分裂病と人類』同前、三六頁。
8 中井久夫・山口直彦『看護のための精神医学　第2版』二〇〇四、六頁。
9 斎藤環、高木俊介、森川すいめい等による。
10 初出は一九九七年。『中井久夫集6』所収。
11 「私と現代ギリシャ文学」『中井久夫集3』、三〇二頁。
12 同前、三〇三頁。
13 『若きパルク／魅惑』みすず書房、一九九五、改訂普及版二〇〇三。

14　君野隆久『ことばで織られた都市　近代の詩と詩人たち』三元社、二〇〇八、一三九頁。
15　朝日新聞二〇二二年九月十九日朝刊。
16　Edward Cook, *More Literary Recreations* (London: Macmillan, 1919).
17　最相葉月『セラピスト』新潮文庫、二〇一六、二四四頁。
18　同前、二四五頁。
19　君野隆久『ことばで織られた都市　近代の詩と詩人たち』、同前、一五〇頁。
20　同前、一五四頁。
21　『リッツォス詩選集』、中井久夫訳、同前、二五二頁。
22　「中井久夫の臨床と翻訳」「文藝別冊　中井久夫　精神科医のことばと作法」河出書房新社、二〇一七、増補新版二〇二二。
23　『日本の医者』日本評論社、二〇一〇所収。原文は、楡林達夫「抵抗的医師とは何か——新入局者への手紙　あわせてほかの僚友たちへ」岡山大学医学部自治会／青年医療従事者協会発行、一九六三—六四年頃。
24　「災害がほんとうに襲った時」『中井久夫集5』。
25　「精神科医としての神谷美恵子さんについて」『中井久夫集1』、三一三頁。
26　『Ｖｏｉｃｅ』二〇〇七年一月号、ＰＨＰ研究所。
27　「病棟深夜の長い叫び——ジル症候群」『中井久夫集11』、二〇二頁。
28　『西欧精神医学背景史』、同前、一五二—一五三頁。
29　同前、一五九頁。
30　「群像」二〇二二年十二月号（講談社）の拙文を大幅に改稿。

年表

西暦	和暦	月日	年齢	できごと・著作など
一八五六	安政3	5・6		フロイト誕生
一八五七	安政4	4・30		ブロイラー誕生（精神分裂病を提唱）
一八六四	元治1			パリに精神病院設立（近代的精神病院の誕生）
一八六九	明治2			明治政府、ドイツ医学採用を国是とする
一八七三	明治6	6月		明治政府、呪術によって病気を治すことを法律で規制する
一八七四	明治7	3月		祖父、裕計誕生
		8月		医制発布（西洋医学による医学教育、医業許可制など。東京、京都、大阪に向け）
一八七五	明治8	7・26		ユング誕生
一八七六	明治9	12月		京都府てん狂院神戸文哉が『精神病約説』翻訳を刊行。日本の西洋精神医学書の嚆矢
一八七七	明治10			外山正一、東京帝国大学で心理学を講義
				パスツール、ワクチンの考え方を発見
一八八四	明治17	11・8		ロールシャッハ誕生。スイス・チューリッヒ
一八八六	明治19			フロイト、精神分析創始。榊俶《はじめ》、ドイツ留学から帰国し、東大で日本人初の精神病学講義

西暦	和暦	月日	事項
一八九〇	明治23		元良勇次郎が帝大教授に。日本の最初の心理学者
一八九三	明治26		帝国大学各分科大学の講座制施行（「大学に小型の天皇制をつくった原因」『日本の医者』五三頁）
一九〇〇	明治33		精神病者監護法公布
			フロイト『夢の解釈』刊行
一九〇二	明治35	1・8	カール・ロジャーズ誕生。シカゴにて
一九〇三	明治36	1月	父、則裕誕生
一九〇六	明治39	1・12	福来友吉「催眠心理学」で博士号取得
		5・2	医師法公布
一九〇七	明治40	2月	ユング、フロイトと会う。一三時間話し続ける。性理論には疑問
一九〇八	明治41	1月	ユング、チューリッヒ公会堂で初めて言葉を理解できた分裂病者の女性について発表
一九一〇	明治43		福来友吉が千里眼実験
		6月	母、ムツ誕生
		8・22	日韓併合条約にて朝鮮半島併合
一九一三	大正2		福来『透視と念写』刊行で帝大辞職
一九一四	大正3	7・28	第一次世界大戦始まる
一九二〇	大正9	3・17	土居健郎、東京で誕生
一九二一	大正10	6月	ロールシャッハ、主著『精神診断学』原著刊行。ロールシャッハテストの誕生。
			精神医学誌は黙殺
一九二三	大正12	9・1	関東大震災
一九二五	大正14		この年、内田勇三郎によりロールシャッハテスト紹介。のちに京都帝国大学の岡

				田強により精神医学へ導入。本格導入は終戦後、米国の影響
一九二六	昭和元	12・25		昭和に元号改まる
一九二七	昭和2	3月		昭和金融恐慌
		4・7		日本心理学会設立
一九二八	昭和3			この年、ローウェンフェルトがロンドンにクリニック開業。箱庭療法の原型、世界技法を考案
一九二九	昭和4	6・23		河合隼雄、兵庫県篠山で誕生
		4月		世界恐慌
一九三〇	昭和5	1月		ロールシャッハ法、内田勇三郎氏によって「教育心理研究」誌上に紹介
一九三二	昭和7	3・1		満州国成立
		5・15		5・15事件
一九三三	昭和8	3月		日本、国連脱退
一九三四	昭和9	1・16	0	久夫、奈良県天理市で誕生、家は宝塚市
		4月		井村恒郎、東大精神科入局。精神科医は「気狂い医者」といわれ偏見あり
一九三六	昭和11		2	
		2・26		2・26事件
		4月		西丸四方、東大精神医学教室に入局。井村は二年上
		秋		内村祐之、北大から東大精神医学教室主任教授兼、松沢病院長へ
				ロールシャッハテスト、科学界に凱歌
		11月		日独防共協定
一九三七	昭和12		3	兵庫県伊丹市に転居
		4月		懸田克躬、東大精神科入局。同期に猪瀬正、臺弘、島崎敏樹、江副勉、加藤正明

一九三八	昭和13	7月	4	日中戦争始まる。東大の医師らも徴兵
		12月		南京占領
一九三九	昭和14	4月	5	国家総動員法公布
		7・15		ブロイラー逝去
		9・23		フロイト逝去
				ロジャーズ第一作『問題児の治療』刊行
				フローリイ、フレミングの仕事を再発見。ペニシリンによる大変革がもたらされる（『日本の医者』一七九頁）
一九四〇	昭和15		6	この年、国民優生法成立
		4月		稲野尋常高等小学校入学
		12月		ロジャーズ、ミネソタ大学にて「心理療法の新しい諸概念」講演。「クライエント中心療法の誕生日」
				この年、タイラーが黄熱病ワクチンを完成。ワクチンの時代へ（『日本の医者』一八一頁）
一九四一	昭和16	4月	7	妻、美沙子誕生
		12・8		真珠湾攻撃、太平洋戦争始まる
				この年、傷痍軍人下総療養所ができる。井村は医官に、加藤正明を誘う
一九四二	昭和17	3月	8	土居健郎、東大医学部卒業

一九四四	昭和19	4・30	10	翼賛選挙
		1・27		朝日新聞、チャーチルがペニシリンで肺炎を治したという記事
		11・24		東京空襲。B29、八〇機来襲
				エランベルジェ、ロールシャッハ生育地シャフハウゼン市ブライテナウ精神病院副院長
一九四五	昭和20	3・10	11	東京大空襲。下町全焼
		4・13		東京大空襲。白山から巣鴨まで焼け野原
		5・24〜26		東京大空襲（8万人以上死亡、三分の一面積が焼失、停電、断水）
		6月		伊丹空襲、市内各所に被害（終戦までに死傷者28）
		8・6		広島原爆。約14万人死亡
		8・9		長崎原爆。約7万4千人死亡
		8・15		終戦
		8・30		マッカーサー司令官日本上陸
一九四六	昭和21		12	
		3月		稲野尋常高等小学校卒業
		4月		旧制甲南高等学校尋常科（7年制）入学。敗戦後初の入学生として学校をひっかきまわした（『日本の医者』二九六―七頁）
				土居健郎、聖路加国際病院（46〜49年）内科
		5・3		東京裁判第一回公判

一九四七	昭和22	11・3	13	日本国憲法公布
				この年から松沢、国府台、武蔵野、武蔵診療所などの各精神病院でロボトミー開始。全盛期は48～53年
一九四八	昭和23		14	この年、国民優生法廃止
		4月		新制甲南中学3年（学制改革により）
		7・30		医師法成立
				この年、スイスにユング研究所設立
				暮れ。佐治守夫は井村のいる国府台病院でロボトミーを受けた分裂病患者の心理テストを行った。井村は戦争による大脳損傷患者の知能欠損について資料をまとめようとしていた
				この年から96年まで、優生保護法
一九四九	昭和24	2月	15	妹、誕生
		4月		甲南高等学校入学
		7月		井村恒郎、国立東京第一病院へ
				この年、ロボトミーがノーベル賞で米国ブームに
				イギリス、戦後4年目にして全開放制病院現る
一九五〇	昭和25		16	この年、精神衛生法制定により、座敷牢廃止。自宅監置の患者が精神病院へ（完全に消滅したわけではない）
				甲南高校で自治委員長を務める
				東大病院臺弘教授が松沢病院入院患者80余名にロボトミー手術実施
				土居健郎、メニンガー精神医学校へ留学。52年まで

一九五一	昭和26		17	この頃の主力は電気痙攣療法
		9・8		サンフランシスコ講和条約、日米安全保障条約調印
一九五二	昭和27	4月	18	京都大学法学部入学。トップ入学し、面接で将来は教授になってくれといわれる
				土居健郎、東大精神科助手に。55年まで
				井村恒郎、国立精神衛生研究所心理学部長へ
				国府台グループ、井村シューレといわれる。神経症研究会も始まる
				ユング、この年に「シンクロニシティ」発表
一九五三	昭和28		19	この年、WHOブレイン博士来日調査。日本は電気ショック、インシュリンショック療法メイン。ソーシャルワーカーも臨床心理士もいないと報告
				エランベルジェ、メニンガー診療所所員に。ロールシャッハ理解のため調査行う
一九五四	昭和29		20	この年、ドラ・カルフ、チューリッヒの会議でローエンフェルトの「世界技法」講演を聴く
		9月		エランベルジェ「ヘルマン・ロールシャッハの生涯と業績」
				この頃、結核で学生療養所に。吉田忠、村澤貞夫、中井でテーベー三人組
		11月		全日本医学生連合設立
一九五五	昭和30		21	この年、クロルプロマジンとレセルピン発売され日本の精神病院に普及
		3月		木村敏、京都大学医学部卒業
		4月		京都大学医学部へ転部。結核で半年休学中に決める（『日本の医者』二八二頁）
				土居健郎、サンフランシスコ精神分析協会へ留学。56年まで
		10月		井村恒郎、日大に新設された精神科講座教授に迎えられる

一九五六	昭和31		22	この年、生活療法という言葉が生まれる
				肥前療養所が全国初の病棟開放化へ
一九五七	昭和32		23	この年、病院精神医学懇話会設立
		4月		土居健郎、聖路加病院精神科医長。71年まで
		夏		家計のためにも京都の眼科の診療助手に。労組の初代組合長。法学部時代の知識を動員して労働協約をつくる。賃金は倍に（『日本の医者』二八六頁）
一九五八	昭和33	3月	24	内村祐之、東大退官
		初夏		ロールシャッハ『精神診断学』（東京ロールシャッハ研究会訳・牧書店）刊行。同年「ロールシャッハ研究」誌創刊
一九五九	昭和34	3月	25	京大医学部卒業
				阪大附属病院インターン（『日本の医者』二八七頁）
				精神衛生相談所はこの年で全国45か所
				井村恒郎の音頭で「精神医学」発刊
一九六〇	昭和35		26	60～61年ポリオ流行
		4月		京都大学ウイルス研究所物理部助手（渡辺格化学部教授）下宿は北白川。ウイルス研では渡辺サークル唯一の医師。ワトソンを案内する（『日本の医者』二八九頁）
		8月		医師免許取得
				この年以降、日本は精神病院を増やし精神病者取り込みを始める。世界とは逆の

				流れ
				雑誌「児童精神医学とその近接領域」が創刊
一九六一	昭和36		27	この年からクロルプロマジンを中心に薬物の使用量、急激に伸びる
		6・6		ユング逝去
				土居健郎、アメリカ国立精神衛生研究所に招聘される
				この年、国民皆保険制度が整えられる（それまでは限定）
一九六二	昭和37		28	この頃、病院内寛解という概念が生まれる
		4月		河合隼雄、スイスのユング研究所に3年間ユング研の奨学金を得て留学
一九六三	昭和38		29	この頃には電気痙攣療法やインシュリンショック療法は数パーセントに減少。95%以上が薬物の時代に
		4月		第16回日本医学会総会、三万五千人参加のマンモス大会。「日本の医療制度はどうあるべきか」を活発に議論。技術発展が背景（『日本の医者』七九頁）
				土居健郎、精神療法演習開始
		7月		『日本の医者』楡林達夫・小山仁示（三一書房）
				ケネディ大統領、教書でアメリカの精神病院恥ずべき事態、整備を訴え
		11月		日米間衛星中継の日、ケネディ暗殺
一九六四	昭和39	3・24	30	ライシャワー米大使刺傷事件
				この年、日本精神病理・精神療法学会シンポ第1回「精神分裂病の治癒とは何か」
		秋		東大伝染病研究所でも実験。学術振興会流動研究員として。伝染研の上司は野島徳吉。東京の芝白金と京都の北白川に下宿をもち往復（『日本の医者』二八三頁）

一九六五	昭和40		31	この頃、江東区砂町の慈恵医大系の眼科でも勤務（『日本の医者』三〇〇頁）。週末は産休の代理医も
		12月		『あなたはどこまで正常か』近藤廉治・上原国夫（三一書房）
				この秋、東京で「全国精神障害者家族会連合」発足。家族会の数は20程度
				この年、日本精神病理・精神療法学会シンポ第2回「薬物と精神療法」
				精神病床17万床
一九六六	昭和41		32	精神衛生法改正（ライシャワー事件、64・3・24を受け、拘禁を強化）
				伝研に研究に来ていた東大小児科の医師の紹介で、東京労災病院の神経内科と脳外科を一か月ずつ見学。近藤廉治の精神科も訪ねた。東大分院を紹介される（『日本の医者』三〇一頁）
				京都大学ウイルス研究所退職
		春		東京大学医学部附属病院分院神経科研究生として外来、入院を担当。笠松章教授、上出弘之助教授、平井富雄講師、安永浩講師、細木照敏助手、飯田真助手（無給医局員時代）
				東大分院の最初の患者2人が絵画を面接にもってきた（「HNAKAI風景構成法」二六三頁）
		5月		『病気と人間』楡林達夫・小山仁示・金谷嘉郎（三一書房）
		6月		ウイルス研究によって京都大学から医学博士号取得
		10月		日本臨床心理学会第2回大会。京都市カウンセリングセンターメンバーが箱庭療法を発表
一九六七	昭和42	10月	33	美沙子と結婚
				この年から72年春まで東京の青木病院常勤医。青木病院は日大卒後研修代行

				病院だったため井村と会う（「井村恒郎先生」『中井久夫集1』二四二頁）
		3・12		インターン制度完全廃止を叫ぶ医師国試阻止闘争。国家試験受験拒否者多数。翌年も。
		7月		中井、Virology 33にウイルス研時代の姫野道夫との論文発表「Formation of Nuclear Polyhedral Bodies and Nuclear Polyhedrosis: Virus of Silkworm in Mammalian Cells Infected with Viral DNA」
		8月		長男誕生
				この年、土居健郎「甘え理論をめぐって」で精神分析学会
				この年以降、新精神衛生法に基づき、保健婦の患者家族訪問始まる。家族会も増加
一九六八	昭和43	1・29	34	東大医学部学生大会は登録医制導入阻止や附属病院の研修内容改善などを掲げて無期限ストライキ突入。赤レンガ派と外来派で20年続く（『日本の医者』三〇四頁）
				この年、インターン制度廃止決定
		9月		東大精神科医師連合結成
				WHOクラーク勧告、イギリス9割が開放病棟、日本は2割
一九六九	昭和44	1・18	35	東大安田講堂攻防戦。入試中止
				井村のいる日大駿河台病院での精神病理、精神療法研究会に参加。月例会で翌70年まで続く。「日大拡大研究会」（丸の内線グループ）と呼ぶ（「井村恒郎先生」二四七頁）。この期間の前半が東大出版会熱海ワークショップの準備期間。井村も参加。のちに「分裂病の精神病理」シリーズに結実するが、核となったのは丸の内線グループ（同）

		3月		安田病院事件。看護人による暴行で患者が死亡
		4月		河合隼雄、天理大学教授。大橋博司、名古屋市立大学教授。木村敏助教授着任
		4月		長女誕生
		5月		日本精神神経学会（金沢学会）不信任提出で、新理事誕生。以後毎年荒れる
				この頃、精神病院をめぐる不祥事頻発
		11・16		佐藤訪米阻止闘争
		11・22		第1回芸術療法研究会（神経研究所）終了後、河合隼雄と話し込む。箱庭療法→風景構成法考案
		11月		シュルテ『精神療法研究』中井・飯田真訳（医学書院）
一九七〇	昭和45	2月	36	大熊一夫、アル中を装って精神病院に入院。朝日新聞に連載開始。「ルポ精神病棟」
		3・14		大阪万博開催（9・14まで）
		11月		臺の呼びかけで分裂病の生物学をめぐる会合。土居参加
				全国精神障害者家族会連合、全国大会で、「精神障害者福祉法」制定を国に要請していくことを採択。家族会の第一歩だが微力
				病院の開放化が進む
				精神病床24万床
一九七一	昭和46	2月	37	土居健郎『甘えの構造』刊行
		3月		山中康裕、名古屋大学大学院卒。同年、助手に
		3・17		東大講師石川清（東大精神科医師連合委員長）が精神神経学会理事長保崎秀夫に、臺の論文は生体実験ではないかと質問書提出

一九七二 昭和47	3・24	38	石川、マスコミに告発文流す
	3・25		朝日新聞大熊由起子記者が臺弘教授に電話「ロボトミー手術で脳の組織を取って実験したか」
	3・27		朝日新聞が臺のロボトミー実験を報道
	4月		笠松退官を受け土居健郎、東大医学部保健学科精神衛生学教室初代教授、林宗義特別招聘教授。東大分院は、安永浩神経科長、中井久夫講師・分院神経科病棟医長、河津緑医局長
			土居自宅で毎週水曜会。
	4月		東京教育大学講師兼任。安永の依頼で医学史を担当し、評判になる
			この頃、井村から依頼されサリヴァンの翻訳に取り組む（「井村恒郎先生」二四六頁）
			外来通院者も増える。病床のない精神科外来ができはじめる
	2・10		精神病理精神療法学会が紛争で閉鎖のため有志が集まり、2・10～12、土居ら分裂病について語り合う（『分裂病の精神病理1』。湯浅、藤縄、村上、笠原、前田、西山、荻野、牧原、井村、川久保、木村、宮本、安永） 　中井は会場設営係だったが、安永がインフルエンザで欠席したため、代理で安永の「ファントム理論」を解説。翌年から正式メンバーになる
	3月		大橋博司、名古屋市立大学から京大教授へ
	3月		**中井・飯田真『天才の精神病理』（中央公論社）** 　この春まで青木病院
	5・15		沖縄、本土復帰

一九七三	昭和48	2月	39	『分裂病の精神病理』第2巻のためのワークショップ
		12月		日大医学部精神神経科教授・井村恒郎、退官最終講義にてロジャーズと共感能力の大切さについて語る
一九七四	昭和49	1月	40	D・クーパー『反精神医学』翻訳刊行
		2月		名古屋で『分裂病の精神病理』第3巻のためのワークショップ 「寛解過程論」発表
		4月		木村敏名古屋市立大学教授。山中康裕、講師。
		4月		『分裂病の精神病理2』。中井「精神分裂病状態からの寛解過程—描画を併用せる精神療法をとおしてみた縦断的観察」（東大出版会）
		12月		『分裂病の精神病理3』。中井「分裂病の発病過程とその転導」（東大出版会）
一九七五	昭和50	2月	41	『分裂病の精神病理』第4巻のためのワークショップ
		4月		名古屋市立大学医学部神経精神科助教授
				昭和50年代から地域医療を目指す診療所が出来始める
一九七六	昭和51	2月	42	『分裂病の精神病理』第5巻のためのワークショップ
		4月		サリヴァン『現代精神医学の概念』中井・山口隆訳（みすず書房）
				76、77年「精神医学」誌が在宅精神医療を特集
				分裂病の軽症化がいわれるようになるが長期予後も深刻に
一九七七	昭和52	1月	43	『分裂病の精神病理5』。中井「分裂病の慢性化問題と慢性分裂病状態からの離脱可能性」（東大出版会）

		1月		土居健郎『方法としての面接』（医学書院）
		2月		『分裂病の精神病理』第6巻のためのワークショップ
		秋		名古屋市の援助で力動精神医学の起源の地ドイツ、スイス、オランダ、ベルギー、フランス、イギリス、スコットランドを歴訪（『西欧精神医学背景史』あとがき）
		12月		『分裂病の精神病理6』。中井「分裂病と人類――一つの試論」（東大出版会）
				カーター大統領「精神衛生調査会」、ケネディ教書以降10年間の調査。精神病者が治療を受けられずに放置されている現状を明らかに
				クラーク二度目の来日。事態向上していない現状を批判
				この年、ホノルル国際精神医学会出席
				「芸術療法」誌にてウィニコットのスクイッグルを紹介
一九七八	昭和53	2月	44	『分裂病の精神病理』第7巻のためのワークショップ
		3月		中井・山中康裕編集『思春期の精神病理と治療』（岩崎学術出版社）
		3月		次女誕生
		5月		イタリアで精神科病院の新設と新規入院を禁止する法案公布。バザーリアら民主精神科連合と一八〇号法案
		12月		バリント『治療論から見た退行――基底欠損の精神分析』中井訳（金剛出版）
一九七九	昭和54	1月	45	安田生命社会事業団『思春期の精神医学』。中井「思春期における精神病および類似状態」
		2月		『分裂病の精神病理』第8巻のためのワークショップ

西暦	和暦	月	年齢	事項
		3月		中井「西洋精神医学背景史」（『現代精神医学大系1A　精神医学総論I』、中山書店に収録）
		12月		『分裂病の精神病理8』。中井編「奇妙な静けさとざわめきとひしめき—臨床的発病に直接先駆する一時期について」（東大出版会）
				1970年代、大量服薬の増加。多種・大量化の時代。80年代に入って致死性副作用が報告されるようになる
一九八〇	昭和55		46	この年あたりから、家族会が共同作業所を作り始める。
		2月		『分裂病の精神病理』第9巻のためのワークショップ
		3月		土居健郎、東大退官。国際基督教大学教育学部教授に
		6月		神戸大学医学部精神神経科教授（当初単身赴任）
		6月		エレンベルガー『無意識の発見　上』木村敏・中井監訳（弘文堂）
		8月		HNAKAI風景構成法に向けたワークショップを遠望峰山《とぼねやま》の宿舎で開催
		9月		エレンベルガー『無意識の発見　下』木村敏・中井監訳（弘文堂）
		11月		インドネシアの高原都市バンドンへ、精神神経学会とボゴール精神病院訪問
				この年、DSM-III。精神病床30万床
一九八一	昭和56	1月	47	『分裂病の精神病理9』。中井「世に棲む患者」（東大出版会）
		2月		『分裂病の精神病理』第10巻のためのワークショップ
		8・22		井村恒郎、逝去。享年75
一九八二	昭和57	2月	48	『分裂病の精神病理』第11巻のためのワークショップ
		2月		中井『分裂病と人類』（東大出版会）

西暦	和暦	月	年齢	事項
		4月		中井『精神科治療の覚書』（日本評論社）
		12月		『分裂病の精神病理11』。中井「働く患者―リハビリテーション問題の周辺」（東大出版会）
一九八三	昭和58		49	この年、アメリカのセラピスト調査でロジャーズは20世紀の心理療法において最も影響のある人物との結果
				この年、厚生省保険請求基準を改正（患者の外泊には入院費カット、外来ケアの再入院者は新規入院者と認めない）、医療費抑制政策で病院が追い込まれていく
		2月		『分裂病の精神病理』第12巻のためのワークショップ
		3月		河合隼雄、京都大学教育学部長退任
		4月		岩波講座『精神の科学』（全10巻別巻1、83～84）刊行、編集委員は精神科医は笠原嘉、飯田真、中井久夫、臨床心理学から河合隼雄、佐治守夫。精神医学と臨床心理学の過去一世紀集大成を意図
		9月		『岩波講座　精神の科学7』。中井「家族の表象―家族とかかわる者より」
		9月		サリヴァン『精神医学の臨床研究』中井・山口直彦・松川周二訳（みすず書房）
		9月		中井・神戸大学「ヒト脳における生理活性アミン受容体および再取り込み機構の病態」（科研費成果報告書）
		12月		『岩波講座　精神の科学8』。中井「概説　文化精神医学と治療文化論」
一九八四	昭和59		50	この年、山中康裕MSSM法開発
				『分裂病の精神病理』第13巻のためのワークショップ
		2月		『岩波講座　精神の科学・別巻』。中井・西田牧衛共訳「「創造の病い」という概念　H・F・エランベルジェ著」
		3月		宇都宮病院事件。職員による患者撲殺

一九八五	昭和60	4月	51	神田橋條治『精神科診断面接のコツ』（岩崎学術出版社）
		5月		国連法律家委員会、中曽根首相に勧告「日本の精神病院に疑義あり。早急に審査委員会を設けられんことを」
		10月		『中井久夫著作集　精神医学の経験1　分裂病』（岩崎学術出版社）
		11月		『中井久夫著作集別巻1　H・Nakai風景構成法』山中康裕編（岩崎学術出版社）
				この年、国連法律家委員会は、精神医療専門家からなる調査団の日本派遣決定。国公立、私立の病院を回り「勧告文」。人権上、治療上、大いに問題ありと。クラーク勧告からほとんど進展なし。日本政府は、精神衛生法改定に乗り出すことを言明
		2月		『分裂病の精神病理』第14巻のためのワークショップ
		2月		『中井久夫著作集　精神医学の経験2　治療』（岩崎学術出版社）
		3月		『中井久夫著作集　精神医学の経験3　社会・文化』（岩崎学術出版社）
		10月		ペリー『サリヴァンの生涯1』中井・今川正樹共訳（みすず書房）
		11月		中井訳『現代ギリシャ詩選』（みすず書房）
		12月		『分裂病の精神病理14』。中井・上田宣子「分裂病発病前後の「不連続的移行現象」―特に一回的短期間現象とその関連における超覚醒現象について」（東大出版会）
				この年、第一回芸術療法学会賞
				精神病床33万床
一九八六	昭和61	2月	52	『分裂病の精神病理』第15巻のためのワークショップ
		10月頃		「叢書・精神の科学」（岩波書店）刊行開始、「精神の科学」講座の副産物として。

				安永浩、小出浩之、山中康裕、内沼幸雄、成田善弘、河合逸雄、滝川一廣、遠藤みどり、野上芳美、大平健、吉松和哉、花村誠一他
		12月		サリヴァン『精神医学的面接』中井・松川周二・秋山剛・宮崎隆吉・野口昌也・山口直彦共訳（みすず書房）
一九八七	昭和62	1月	53	『分裂病の精神病理15』。中井・山口直彦「二重人格はなぜありにくいか」（東大出版会）
		2月		『分裂病の精神病理』第16巻のためのワークショップ（最終回）。参加延べ二一六、実数七八名。
		2月		伊東光晴ほか編『老いの発見4』。中井「世に棲む老い人」（岩波書店）
		2・4		ロジャーズ逝去
		3月		プレセット『野口英世』中井・枡矢好弘共訳（星和書店）
				精神衛生法改定案の政府最終案がこの春に国会提出
		7月		日本箱庭療法学会第1回大会
		9月		精神保健法成立。同意入院を医療保護入院に変えるだけ。適用期間区切らない
		12月		佐竹洋人・中井編『意地の心理』（創元社）
一九八八	昭和63	5月	54	ペリー『サリヴァンの生涯2』中井・今川正樹共訳（みすず書房）
		7月		精神保健法施行
		9月		『カヴァフィス全詩集』中井訳（みすず書房）
		12月		吉松和哉編『分裂病の精神病理と治療』。中井・山口直彦「分裂病における知覚変容発作と恐怖発作」（星和書店）

一九八九	昭和64 平成1		55	
		4月		消費税導入
				この年、『カヴァフィス全詩集』読売文学賞(研究・翻訳賞)
一九九〇	平成2		56	
		4月		『クレクソグラフィー　ロールシャッハの先駆者・ユスティーヌス・ケルナーの詩画集』宮崎忠男・中井訳(星和書店)
		4月		サリヴァン『精神医学は対人関係論である』中井・宮崎隆吉・高木敬三・鑪幹八郎共訳(みすず書房)
		7月		中井『治療文化論—精神医学的再構築の試み』(岩波書店)
		12月		木村敏ほか編『精神分裂病　基礎と臨床』。中井「Sullivanの精神分裂病論」(朝倉書店)
				精神病院一六〇〇あまり、35万人入院、平均在院日数五四〇日(35万人の半数以上5年以上入院、全入院者の50%。イギリスは2%)、開放処遇者40%。精神障害者は全体で一五〇万人前後。全家連傘下家族会は九四七
一九九一	平成3		57	この年、国連「精神疾患を有する者の保護及びメンタルヘルスケア改善のための諸原則」採択
		1月		湾岸戦争
		2月		中井編『分裂病の精神病理と治療』。中井・岩井圭司「分裂病の非特異的大局観的把握について」(星和書店)
		4月		『リッツォス詩集　括弧』中井訳(みすず書房)
		5月		『カヴァフィス全詩集　第二版』中井訳(みすず書房)

		5月		『中井久夫著作集 別巻2』。山口直彦編「中井久夫共著論文集 精神医学の臨床」（岩崎学術出版社）
		8月		『中井久夫著作集 精神医学の経験4 治療と治療関係』（岩崎学術出版社）
		9月		『中井久夫著作集 精神医学の経験5 病者と社会』（岩崎学術出版社）
		10月		『中井久夫著作集 精神医学の経験6 個人とその家族』（岩崎学術出版社）
		12月		上野千鶴子ほか編『シリーズ変貌する家族5 家族の解体と再生』。中井「家族の深淵」（岩波書店）
		12月		バリント『スリルと退行』中井・森茂起・滝野功共訳（岩崎学術出版社）
				この年、ギリシア国文学翻訳賞
一九九二	平成4	5月	58	飯田真編『分裂病の精神病理と治療4』。岩井圭司・中井「分裂病難症例の精神—身体症状—中医学的判定を援用しつつ慢性病態を考える 2」（星和書店）
		6月		ブダペスト表現病理学コロキウム出席、帰途に妻とパリへ
		10月		中井『記憶の肖像』（みすず書房）。初めてのエッセイ集
一九九三	平成5		59	この年、精神病床数増加が頭打ちに
				障害者基本法成立
		8月		森谷寛之ほか編『コラージュ療法入門』。中井「コラージュ私見」（創元社）
		9月		永田俊彦編『分裂病の精神病理と治療5』。岩井圭司・山口直彦・中井「能動と受動—分裂病長期経過における行動の方向性」（星和書店）
一九九四	平成6	3月	60	コンラート『分裂病のはじまり』山口直彦・安克昌・中井共訳（岩崎学術出版社）

一九九五 平成7	5月	61	神戸大学精神科第2病棟「清明寮」開棟
	10月		シュルテ『精神療法研究』新版、飯田真・中井共訳（岩崎学術出版社）
			この年、障害者プラン、ノーマライゼーション七か年戦略策定
			精神病院の脱入院化と地域化が進む
	1・17		阪神・淡路大震災
	2月		サリヴァン『分裂病は人間的過程である』中井・安克昌・岩井圭司・片岡昌哉・加藤しをり・田中究共訳（みすず書房）
	3・20		地下鉄サリン事件
	3月		中井編『1995年1月・神戸―「阪神大震災」下の精神科医たち』（みすず書房）
	9月		中井『家族の深淵』（みすず書房）
	11月		ヴァレリー『若きパルク／魅惑』中井訳（みすず書房）
一九九六 平成8	4月	62	中井・麻生克郎・磯崎新・小川恵・郭慶華・川本隆史・J．ブレスラウ・村田浩・六反田千恵『昨日のごとく―災厄の年の記録』（みすず書房）
	6月		ペルト編『自然の言葉』中井・松田浩則共訳、ニェリッザニーほか写真（紀伊國屋書店）
	7月		中井『精神科医がものを書くとき1』（広英社）
	9月		山之内製薬『アルカイックシンポジウム講演集』。中井「記憶とその老化について」
	10月		中井『精神科医がものを書くとき2』（広英社）
	10月		ラカリエール編・写真『古代ギリシアの言葉』中井訳（紀伊國屋書店）

		10・6〜13		ロサンゼルス現地調査
		11月		デゾンブル編『古代ローマの言葉』中井・松田浩則共訳（紀伊國屋書店）
		12月		ハーマン『心的外傷と回復』中井訳（みすず書房）
				この年、『家族の深淵』で毎日出版文化賞（人文・社会部門）
一九九七	平成9	1月	63	柳田邦男編『人間が生きる条件』。中井「震災体験と心の回復過程―喪の作業と悲しみの意味」（岩波書店）
				2〜5月にかけて、神戸連続児童殺傷事件
		3月		神戸大学退官、名誉教授に
		3月		栗原彬編『講座差別の社会学4　共生の方へ』。中井「いじめの政治学」（弘文堂）
		4月		甲南大学教授。人間科学科心理臨床領域および甲南大学大学院文学部心理学科応用社会学教授
		6月		阪神・淡路大震災の危機管理と兵庫県こころのケアセンター設立
		6・28		神戸連続児童殺傷事件A少年逮捕
		8月		中井『アリアドネからの糸』（みすず書房）
一九九八	平成10	3月	64	星野他『治療のテルモピュライ―中井久夫の仕事を考え直す』（星和書店）
		5月		中井『最終講義　分裂病私見』（みすず書房）
		10月		徳田良仁・大森健一・飯森眞喜雄・中井・山中康裕『芸術療法1　理論編』『芸術療法2　実践編』（岩崎学術出版社）

一九九九	平成11	3月	65	バリント『一次愛と精神分析技法』森茂起・枡矢和子・中井共訳（みすず書房）
		5月		『エランベルジェ著作集1　無意識のパイオニアと患者たち』中井編訳（みすず書房）
		8月		エランベルジェ『いろいろずきん』中井文・絵（みすず書房）
		8月		『エランベルジェ著作集2　精神医療とその周辺』中井編訳（みすず書房）
		10月		「こころのケアセンター」編『災害とトラウマ』。中井「災害と日本人」（みすず書房）
		11月		ハーマン『心的外傷と回復　増補版』中井訳（みすず書房）
		12月		中井『西欧精神医学背景史』（みすず書房）
二〇〇〇	平成12	1月	66	『エランベルジェ著作集3　精神医療とその周辺』中井編訳（みすず書房）
		7月		『須賀敦子全集　第4巻』中井解説「阪神間の文化と須賀敦子」（河出書房新社）
		9月		中井・永安朋子『分裂病の回復と養生　中井久夫選集』（星和書店）
		10月		高宜良・住野公昭・高谷育男・内藤あかね・中井・永安朋子『分裂病／強迫症／精神病院　中井久夫共著論集』（星和書店）
		11月		パトナム『多重人格性障害　その診断と治療』安克昌・中井共訳（岩崎学術出版社）
		12・2		安克昌・神戸大講師、神戸西市民病院精神神経科医長、逝去。享年39
二〇〇一	平成13	2月	67	ヤング『PTSDの医療人類学』中井・大月康義・下地明友・辰野剛・内藤あかね共訳（みすず書房）

		3月		中井・山口直彦『看護のための精神医学』（医学書院）
		6・8		大阪教育大学附属池田小学校無差別殺傷事件
		7月		パトナム『解離—若年期における病理と治療』中井訳（みすず書房）
		9・11		アメリカ同時多発テロ
		12月		関美比古・高橋勝視 写真、毎日新聞社『神戸市街地定点撮影—1995—2001復活への軌跡』。中井「2001年秋神戸」
二〇〇二	平成14		68	この年、河合隼雄第16代文化庁長官（小泉政権）
		1月		『展示通信歴史・災害・人間5』。中井「災害精神医学の実践について」
		4月		中井『清陰星雨』（みすず書房）
		6月		ひょうご被害者支援センター理事長
二〇〇三	平成15		69	
		2月		兵庫県尼崎市保健所主催第17回こころの健康のつどいで一般向けに講演「統合失調症の過去・現在・未来」（2020年にラグーナ出版より刊行）
		3月		甲南大・横山博編『現代人のメンタリティに関する総合的研究 心の危機の臨床心理学的・現代思想的研究』。中井「「踏み越え」について」
		3月		甲南大・森茂起編『現代人のメンタリティに関する総合的研究 心の危機の臨床心理学的・現代思想的研究』。中井「外傷性記憶とその治療」
二〇〇四	平成16		70	この頃、前立腺癌の手術がこじれる（「山嶽寮」甲南山岳会通信59・60号）
		3月		甲南大学退官。名誉教授に
		3月		宮地尚子編『トラウマとジェンダー 臨床からの声』、「中井久夫氏インタビュー—トラウマとジェンダーを語る」（金剛出版）
		3月		中井・山口直彦『看護のための精神医学 第2版』（医学書院）

		4月		兵庫県こころのケアセンター所長
		4月		中井『徴候・記憶・外傷』（みすず書房）
		12月		カーディナー『戦争ストレスと神経症』中井・加藤寛共訳（みすず書房）
		12月		発達障害者支援法成立
二〇〇五	平成17	2月	71	森茂起編『埋葬と亡霊　トラウマ概念の再吟味』。中井「戦争と平和についての観察」（人文書院）
		4月		ワーナー『統合失調症からの回復』西野直樹・中井監訳（岩崎学術出版社）
		4月		中井『時のしずく』（みすず書房）
		4・25		JR福知山線脱線事故
				JR西日本職員に講習会実施
		7月		『神谷美恵子コレクション　本、そして人』中井解説「読書と思索　神谷美恵子の本棚」（みすず書房）
		11月		中井『関与と観察』（みすず書房）
二〇〇六	平成18	5月	72	クヴァーニス、パーロフ編『サリヴァンの精神科セミナー』中井訳（みすず書房）
		9月		中井『樹をみつめて』（みすず書房）
二〇〇七	平成19	3月	73	兵庫県こころのケアセンター参与
		5月		中井『こんなとき私はどうしてきたか』（医学書院）
		7・19		河合隼雄逝去。享年79

二〇〇八	平成20		74	小さな脳幹部の梗塞でちょっと危なかった（「山嶽寮」63号）
		2月		リデル『カヴァフィス　詩と生涯』茂木政敏・中井共訳（みすず書房）
		4月		『子ども精神衛生講座　第5巻』。中井「思春期における精神病および類似状態」（日本図書センター）
		5月		中根晃・牛島定信・村瀬嘉代子編『詳解　子どもと思春期の精神医学』。中井「生活空間と精神健康」（金剛出版）
		7月		クッファー、ファースト、レジエ編『ＤＳＭ－Ｖ研究行動計画』黒木俊秀・松尾信一郎・中井共訳（みすず書房）
		8月		中井『臨床瑣談』（みすず書房）
		11月		中井『日時計の影』（みすず書房）
二〇〇九	平成21	4月	75	中井『精神科医がものを書くとき』（ちくま学芸文庫）
		7・5		土居健郎、逝去。享年89
		7月		中井『臨床瑣談　続』（みすず書房）
二〇一〇	平成22	2月	76	中井『統合失調症1』（みすず書房）
		3月		中井『隣の病い』（ちくま学芸文庫）
		5月		村瀬嘉代子編著『統合的心理援助への道—真の統合のための六つの対話』。村瀬・中井・滝川一廣述「私が面接で心がけてきたこと」（金剛出版）
		5月		中井『私の日本語雑記』（岩波書店）
		6月		『コロナ／コロニラ　ヴァレリー詩集』松田浩則・中井共訳（みすず書房）
		8月		中井『統合失調症2』（みすず書房）

二〇一一	平成23	9月	77	中井『日本の医者』（日本評論社）
		3月		中井『世に棲む患者』（ちくま学芸文庫）
		3・11		東日本大震災
		3・21		中井『災害がほんとうに襲った時―阪神淡路大震災50日間の記録』無償電子化（最相葉月、電子化協力　藤本良平）
		4月		中井『災害がほんとうに襲った時―阪神淡路大震災50日間の記録』（みすず書房）
		5月		中井『復興の道なかばで―阪神淡路大震災一年の記録』（みすず書房）
		6月		河出書房新社編集部編『思想としての3・11』。中井「戦争から、神戸から」（河出書房新社）
		6月		内橋克人編『大震災のなかで―私たちは何をすべきか』。中井「東北関東大災害に際しての考えと行い」（岩波新書）
		6月		中井『つながりの精神病理』（ちくま学芸文庫）
		9月		中井『思春期を考えることについて』（ちくま学芸文庫）
		9月		『現代思想2011年9月臨時増刊号　総特集＝緊急復刊ｉｍａｇｏ　東日本大震災と〈こころ〉のゆくえ』。中井述・聞き手＝斎藤環「大震災、ＰＴＳＤ、デブリーフィング」（青土社）
二〇一二	平成24	2月	78	中井『「伝える」ことと「伝わる」こと』（ちくま学芸文庫）
		2月		河出書房新社編集部編『歴史としての3・11』。中井「時おくれの情報と向き合って」（河出書房新社）

		3月		伊勢田堯・小川一夫・長谷川憲一編著『生活臨床の基本―統合失調症患者の希望にこたえる支援』。中井「生活臨床と私」（日本評論社）
		12月		中井『サリヴァン、アメリカの精神科医』（みすず書房）
				この年、公益財団法人ひょうご震災記念21世紀研究機構顧問
二〇一三	平成25	3月	79	中井『私の「本の世界」』（ちくま学芸文庫）
		5月		中井『「昭和」を送る』（みすず書房）
		8月		中井『統合失調症の有為転変』（みすず書房）
		11月		文化功労者に選ばれる
		12月		甲南大学名誉博士号授与
二〇一四	平成26	7月	80	『リッツォス詩選集』中井訳、谷内修三解説（作品社）
二〇一五	平成27	夏	81	被昇天の聖母カトリック垂水教会の洗礼講座に月一度通い始める
		8月		中井『戦争と平和　ある観察』（人文書院）
		9月		統合失調症のひろば編集部編『中井久夫の臨床作法』（日本評論社）
		11月		鹿児島の精神障害をもつ患者らの出版社、ラグーナ出版で「中井久夫と考える患者シリーズ」の刊行が始まる
				中井監修・解説『中井久夫と考える患者シリーズ1　統合失調症をたどる』（ラグーナ出版）
二〇一六	平成28	5・29	82	被昇天の聖母カトリック垂水教会にて受洗
		9月		中井監修・解説『中井久夫と考える患者シリーズ2　統合失調症をほどく』（ラ

				グーナ出版）
		9・2〜4		鹿児島のラグーナ出版訪問
		12月		中井『いじめのある世界に生きる君たちへ——いじめられっ子だった精神科医の贈る言葉』（中央公論新社）
二〇一七	平成29	1月	83	みすず書房『中井久夫集』全11巻、解説・最相葉月刊行開始。〜2019
		5月		『中井久夫　精神科医のことばと作法』KAWADE 夢ムック（河出書房新社）
		10月		中井監修・解説『中井久夫と考える患者シリーズ3　統合失調症は癒える』（ラグーナ出版）
二〇一八	平成30	12月	84	中井監修・解説『中井久夫と考える患者シリーズ4　統合失調症と暮らす』（ラグーナ出版）
二〇二〇	令和2	3月	86	中井・考える患者たち・高宜良・胡桃澤伸著、森越まや編『中井久夫講演録　統合失調症の過去・現在・未来』（ラグーナ出版）
二〇二二	令和4	8・8	88	逝去、享年88
				同日付をもって従四位に叙され、瑞宝中綬章を追贈された
		8・12		被昇天の聖母カトリック垂水教会にて葬儀

年表・参考文献

ユング、ヤッフェ編、河合隼雄・藤縄昭・出井淑子訳『ユング自伝1　思い出・夢・思想』みすず書房、一九七二、『ユング自伝2　思い出・夢・思想』みすず書房、一九七三
ロールシャッハ、東京ロールシャッハ研究会訳『精神診断学』牧書店、一九五八
懸田克躬編『井村恒郎・人と学問』みすず書房、一九八三
八木剛平・田辺英『日本精神病治療史』金原出版、二〇〇二
石川信義『心病める人たち—開かれた精神医療へ』岩波新書、一九九〇
大塚信一『河合隼雄　心理療法家の誕生』トランスビュー、二〇〇九
富田三樹生『東大病院精神科の30年』青弓社、二〇一四
土居健郎編『分裂病の精神病理16』東京大学出版会、一九八七
諸富祥彦『カール・ロジャーズ入門』コスモライブラリー、一九九七
西野直樹編『中井久夫教授退官記念誌』神戸大学医学部精神神経科学教室、一九九七
中井久夫の自著は年表に記載

おことわり

・満年齢で表記しています。
・書籍や論文の発表時の表記にともない、統合失調症を「分裂病」と記載しているところがあります。

あとがき

本書は、二〇一七年から二〇一九年にかけて、みすず書房より刊行された『中井久夫集』全11巻の解説をもとに、大幅に加筆修正を行ったものである。中井の逝去にあたり、長年の担当編集者であった守田省吾氏より、通読することで中井久夫の生涯を浮かび上がらせることができるとして、一冊にまとめることを勧められた。

そもそも筆者の名前で出版できるとは思っていなかったが、中井の仕事をたどる小伝としてなら、通読していただく意味はあるかもしれないと考え、みすず書房に限らず、その時代に重要と思われる他社の著作や編集者はじめ関係者の証言にも目配りしつつ再編集した。

筆者は中井が現役の精神科医だった時代を知らない。阪神・淡路大震災のときは神戸の母校を拠点に子どもたちの被災について取材しており、中井を中心として展開した、のちに「心のケア」と呼ばれる精神科救急活動の詳細を知ったのは、中井の著作や、その実働部隊の一人で中井の神戸大学時代の教え子だった加藤寛・兵庫県こころのケアセンター長をリーダーとする兵庫県の心のケアチームに同行して、東日本大震災を取材したときである。

　したがって、筆者が中井にヒアリングをした際の言葉はすべて後日談であり、中井の回想である。本書をまとめるにあたって改めてインタビューの記録を読み直しながら加筆したが、今回新たに収録できたものはさほど多くはない。

　というのも、多くは中井のプライベートに関わる思い出であり、とくに「ぼくは女性によってつくられた人間だよ」といって、幼少期から青年期にかけて交流のあった女性たちについて語られた思い出は、そのほとんどがオフレコ、あるいは本人たちの了解の上なら可能というセンシティブな内容であったためだ。いずれも所在不明の一般の方々であり、残念ながら収録を見送っていることをご容赦いただきたい。

　その一部重なるエピソードは、筆者より前に中井のヒアリングをされていた精神科医、宮地尚子氏の『トラウマとジェンダー　臨床からの声』（河出書房新社、二〇〇四）に収録されている。関心のある方はぜひそちらを参照していただきたい。

　ただ、小学生の頃に、「なぜ男の子が級長で、女の子は副級長なの」と訊ねた同級生のN子に始まり、中井が同時代を生きる女性たちの悩み苦しみ、生きづらさを受け止め、問うてきたのは確かであり、それが父権主義の根強く残る医学界にあって、その多くを女性が占める看護の分野に目を向ける素地であったことは間違いないだろう。

神戸大学時代、中井は女性の弟子には優しく男性には厳しかったという複数の証言を得たが、それも長らく女性が置かれていた社会的環境を思えば、中井なりのアファーマティブアクション（積極的格差是正措置）でもあったのかもしれない。

最後に一つだけ、中井の人柄を直接に受け止めたエピソードを紹介して、あとがきを終えたい。あれは筆者が両親の介護をきっかけとする自らのストレスに押しつぶされそうになり、とうとう町の精神科クリニックに駆け込み受診をしたときのことだ。問診といくつかの心理テストを受けた結果、双極性障害Ⅱ型（双極Ⅱ型）との診断となった。セカンドオピニオンを受けた大学病院でも同じ結果となった。

うつ病と思い込んでいたため意外であり、ある程度、遺伝的背景もあると知って自らの家系を振り返るきっかけにもなった。

その数日後、『治療文化論』の解説を担当した医療人類学者で精神科医の江口重幸氏と守田氏と三人で中井のヒアリングを行うために神戸の介護ホームに行き、終了後、秘書も交えて中井のお気に入りのケーキ店に向かったときのことだ。

道中、一瞬だけ、中井と二人きりになるタイミングがあり、思わず、「先生、私、双極Ⅱ型の診断を受けました」と打ち明けたところ、中井は一瞬のためらいもなく、「ほう、私と同じです」といった。

「え、先生もII型ですか？」

「私もII型です。II型は休むのが下手でしょ」

「ええ、そうですね」

「悩みに悩むというところがあるね」

精神科の世界では、○○教授は何、○○教授は何、と周囲に病名をつけられるのはよくあることのようで、筆者も中井の東大時代の教授たちがみんな、なんらかの病名をつけられていたというエピソードを耳にしている。

それは異能の人々を第三者が理解する一つの手がかりとして、あるいは雑談のネタとして、ささやきあう程度のもので、実際に診断が下されているわけではない。尋常ならざる記憶力や直観力、文字に色が見えるという共感覚の持ち主といわれる中井に対しても例外ではなく、筆者も何度か身近な人から具体的な病名を聞いてはいた。

だがこのときの中井は違う。中井自身が第三者に診断を受けたものであるかどうかはわからないが、それを迷いなく告げることで筆者を救おうとしたのではないかと思う。実際、このあと、診断を受けてからこのホームに来るまで抱えていた重荷が、スーッと軽くなっていくのを感じた。

本書には中井の直接の患者は登場しない。守秘義務のもとにあるため、中井に紹介してもらうこともしなかった。ささやかな個人的なやりとりにすぎないが、中井の言葉の力と思いやりを示す一つのエピソードとしてここに記したい。

二〇二三年六月

最相　葉月

著者略歴

（さいしょう・はづき）

1963年，東京生まれの神戸育ち．関西学院大学法学部卒業．科学技術と人間の関係性，スポーツ，精神医療などをテーマに執筆活動を展開．著書に『絶対音感』（小学館ノンフィクション大賞）『青いバラ』『星新一』（大佛次郎賞，講談社ノンフィクション賞，日本SF大賞，日本推理作家協会賞ほか）『ビヨンド・エジソン』『ナグネ　中国朝鮮族の友と日本』『辛口サイショーの人生案内DX』，増崎英明との共著『胎児のはなし』など．近刊に『証し　日本のキリスト者』（KADOKAWA）．
中井久夫関係では『セラピスト』（新潮社 2014）『理系という生き方　東工大講義』（ポプラ新書 2018），加藤寛との共著『心のケア　阪神・淡路大震災から東北へ』（講談社現代新書 2011）．

最相葉月
中井久夫 人と仕事

2023年 8月 1日 第1刷発行

発行所 株式会社 みすず書房
〒113-0033 東京都文京区本郷2丁目20-7
電話 03-3814-0131(営業) 03-3815-9181(編集)
www.msz.co.jp

本文組版 キャップス
本文印刷・製本所 中央精版印刷
扉・表紙・カバー印刷所 リヒトプランニング
装丁 安藤剛史

ISBN 978-4-622-09603-0
[なかいひさおひととしごと]